TRIUNFA EN EL MARKETING MULTINIVEL

Alicia García Esteban
Prólogo de Larry Thompson

TRIUNFA EN EL MARKETING MULTINIVEL

LID

MADRID | CIUDAD DE MÉXICO | BUENOS AIRES | BOGOTÁ
LONDRES | NUEVA YORK
SHANGHÁI | NUEVA DELHI

Colección Acción Empresarial de LID Editorial
www.LIDeditorial.com

A member of:

BPR

businesspublishersroundtable.com

EAN-ISBN13: 978-84-18648-47-2
Directora editorial: Laura Madrigal
Corrección: Cristina Matallana
Maquetación: produccioneditorial.com
Diseño de portada: Adolfo Vallejo
Impresión: Cofás, S.A.
Depósito legal: CO 83-2022

Impreso en España / *Printed in Spain*

Primera edición: febrero de 2022

Te escuchamos. Escríbenos con tus sugerencias, dudas, errores que veas o lo que tú quieras. Te contestaremos, seguro: info@lidbusinessmedia.com

A los amores de mi vida, Virginia, Julieta y Telmo,
que continúan el linaje familiar, y a los que vendrán.
Para que cumplan sus sueños y logren ser las heroínas
y los héroes de su propia vida.
A los que nunca se rinden, a los que persiguen
sus sueños, a los que saben que se hace camino al andar...

«Al andar se hace camino,
y al volver la vista atrás
se ve la senda que nunca
se ha de volver a pisar.
Caminante no hay camino
sino estelas en la mar».

ANTONIO MACHADO

A los héroes y heroínas de esta travesía.

ÍNDICE

¡GRACIAS!

¡¡Mas allá de dar las gracias, quiero agradecer a todas las personas que me han ayudado a publicar este libro!!! El agradecimiento es el fundamento del éxito y la felicidad en la vida.

Gracias por comprar y leer esta obra, con la que he querido contribuir a elevar la percepción social y dar visibilidad a una industria mundial con un modelo de negocio lleno de oportunidades, flexible, que concilia y que puedes comenzar con muy pocos recursos: la industria del Marketing Multinivel (MLM).

Gracias a mis padres por darme la vida, a Virginia, Julieta y Telmo, a quienes he dedicado este libro desde el principio, quienes me han cuidado y demostrado mucho amor durante toda la pandemia para que yo pudiese escribirlo; a Adolfo, por su creativa y espectacular portada; a Antonio, por sus maravillosos diseños web y porque forma parte de mi vida y de mi historia, y a los maestros que me han enseñado y ayudado en las diferentes áreas de mi vida.

Gracias a Mark Hughes y Jim Rohn, a quienes quiero reconocer y agradecer porque son el comienzo de todo, los cimientos de todo, el pasado, presente y futuro de todo. Gracias infinitas allá donde estéis.

Gracias a Larry Thomson, quien, junto con Mark Hughes y Jim Rhon, formaba parte de un trío ganador. Los tres me enseñaron los fundamentos de todo lo que sé de este negocio. Larry ha enriquecido este libro con su magnífico prólogo.

Este libro es mejor gracias a todos los que de manera tan generosa han aportado su experiencia y sus conocimientos con reseñas magníficas: Chela Mier, Paco Pérez, Fernando Rancel, Marisol Aceituno, Patricia Quintana, Nacho Escobar, Miguel A. Beas, Enrique Vega Penichet, Asier Luzuriaga, Ramón Pardo, Jordi Marín y Rafael Fernández.

Vaya una mención de honor para Marisol Aceituno y Elsa Luzón, quienes me acompañaron desde el principio en mi aventura emprendedora en MLM, así como para Carmen Fernández y Pilar Ansola. Son cuatro mujeres valientes y emprendedoras que creyeron en mí y en tiempos difíciles llegaron a lo más alto, así como a mi querida amiga Alina Marcos, quien me invitó a este viaje.

Gracias a Juan Carlos Martínez, Sol Prieto, Manuel Aguilar, Inma Farras, Antonio Rosado, Ana Prins, Alfred Patrón, Domingo Bermúdez, Rosa Prieto, Michael y Miki Cole, Olga Cenzano, Hernán Zapata, Eduardo Plaza, Toñi Quesada, José Manuel Pérez, Piedad Sánchez, Marisol y J. J. Hernández, Manuel López de Ahumada, Carmen Sánchez, Juan Manuel Mahugo y Javier Castellanos —compañeros y amigos, crecimos juntos como pioneros de un proyecto gigante: poner los cimientos de Herbalife Nutrition España—, más los que se fueron uniendo, como Tomas López, Alexandra Deneux, Alfredo Marín, Noelia Fernández, Juan Robredo, Marta Ochoa, Gerardo Aguerrebehere, Beatriz Bueno, Begoña Bueno, Luis Sastre, Alberto López, Sergio Rodríguez, Silvia Sánchez, David Esteban y María Rodríguez; hasta los últimos, de la generación digital, encabezada por Sandra Temes, Wibb Enos, Pablo Nebrera y Miriam Sánchez. Lo hemos logrado con todos ellos y con algunos más que se han unido a lo largo de los años.

Gracias infinitas a amigos como Katy Mirabal, que forma parte de esta historia, a Tino Fernández, formador de *coaching* y a Elin Aynat por sus relatos.

Gracias a Patricia Quintana, por su inestimable apoyo y colaboración como lectora beta y con su reseña llena de esperanza; y también a Consuelo Rivero, Javier Castellanos, Fernando Gastiarena, Antonio Esteban, Isidoro Sánchez, Beatriz Arenaza y Eduardo León, mi grupo de lectores primigenios que aportaron sus valiosos comentarios.

Un agradecimiento muy especial a Des Walsh por sus sabias orientaciones y al *staff* corporativo nacional e internacional de Herbalife Nutrition, así como a todo el personal.

Gracias a Roger Domingo —director editorial de Deusto, Alienta, Gestión 2000 y Para Dummies, sellos del Grupo Planeta—, mi mentor literario, porque él y su método Mapea me enseñaron y ayudaron a introducirme en el mundo editorial; a Ana Nieto, por inspirarme con su curso a recopilar todo mi material y a empezar a escribir este libro; a Álvaro Martín, por las horas que hemos pasado revisando el manuscrito; a todo el equipo de LID, por su interés y profesional atención personal, en especial a Manuel Pimentel, quien confió en el proyecto desde el minuto 1, leyendo el manuscrito en pocas horas y orientándome muy inteligentemente sobre el contenido de mi obra, y a Laura Madrigal, mi editora, quien aportó sugerencias inestimables para el éxito final, cariñosa y atenta en todo momento.

Finalmente, quiero dar las gracias a todas las personas emprendedoras de la industria del MLM, valientes distribuidores en todas las empresas del sector en el mundo, porque juntos somos más fuertes y más grandes; también a los que componen organizaciones afines y paralelas en mi negocio, pero muy especialmente a todos los que forman parte de mi equipo en cualquier país, porque son mi inspiración.

Y si en algún momento de mi vida profesional o personal he dañado a alguien, para ellos estas palabras: «Lo siento, perdóname, te amo y ¡¡¡gracias!!!».

PRÓLOGO

Cuando Alicia me pidió que escribiera el prólogo de su libro, para mí fue un verdadero honor porque los dos nos hemos regido siempre por la máxima de la mejora constante, la de procurar cambios no solo para nosotros, sino para todos aquellos que nos rodeaban y a los que podíamos alcanzar.

Comencé en la industria multinivel hace más de 50 años. Yo era muy joven y trabajaba en la construcción, pero buscaba oportunidades y las encontré en la Venta Directa. Cuando Alicia García y yo nos conocimos, yo era entrenador y mentor de organizaciones de Marketing Multinivel, una industria en auge con numerosas oportunidades para todo el mundo. En esa época trabajaba en equipo con Mark Hughes, con quien, junto con Jim Rohn, nuestro mentor, sentamos las bases de lo que se ha convertido en una de las marcas más importantes de Marketing Multinivel.

Conocí a Alicia en una cena en mi casa de Los Ángeles. Ella había trabajado mucho para que llevásemos Herbalife a España y, después de un día de formaciones y reuniones, celebramos aquel hito con el reconocimiento que merecía.

Por entonces, con 35 años, desarrollé un método, una conferencia especial: «El Entrenamiento Millonario», que posteriormente sería básico para todas aquellas personas que comenzaban esta andadura; poco a poco fui convirtiéndome en «Mentor de Millonarios». En aquellas primeras charlas tuve la suerte de contar en la audiencia con Alicia, en Marbella (España), que ya despuntaba por toda su trayectoria, y me consta que esas conferencias la han ayudado en su vida profesional.

Después de varios años colaborando, cada uno siguió su camino, pero siempre unidos por algo más allá...: la ilusión por ayudar a otras personas a conseguirlo como lo hicimos nosotros, acompañando a miles de personas en el cambio y transformación de empleado a emprendedor, ayudándolas a ser dueñas de su tiempo, de su dinero y de su vida.

No importa con qué compañía decidas comenzar, ahora cada vez hay más que apuestan por este tipo de marketing y que ayudan a sus miembros a convertirse en emprendedores. En eso consiste este libro. Lo que sí debes tener claro son los fundamentos del Marketing Multinivel, porque nunca cambian. Podrán hacerlo las formas de acceder a los clientes, pero nunca sus fundamentos.

La industria multinivel, totalmente cimentada y afianzada en Estados Unidos, Asia y otros países en el mundo, ha encontrado en algunos de Europa ciertas resistencias recurrentes ante modelos de negocios desconocidos y por el miedo a perder la seguridad. Pasar de empleado a emprendedor es un camino para muchos desconocido, porque la sociedad les empuja con la educación y los estudios convencionales a formar parte del sistema tradicional de ganarse la vida. No obstante, cada vez son más, sobre todo los jóvenes, los que buscan oportunidades, distintas formas de acceder al mercado laboral, y que cada vez más valoran su trabajo, quieren ser independientes y buscan emprender.

Hoy, cada vez más, el marketing en red es una excelente oportunidad, ya que hay más de 60 millones de personas buscando lo mismo que yo hace 50 años o Alicia cuando empezó: éxito, dinero, independencia y libertad.

En las siguientes páginas todo está muy bien desarrollado, Alicia te da las pautas y los pasos para poder llevarlo a cabo siempre que tú pongas de tu parte. «Se puede llevar un caballo al río, pero no podemos hacer que beba». Tienes que ser tú quien dé el paso para transformarte en un emprendedor exitoso. El camino no es fácil y de eso también habla este libro, pero es parte de la vida, que está llena de retos. Retos que merece la pena vivir si la recompensa es tan buena como el hecho de ser un emprendedor.

Alicia explica sus comienzos difíciles y los fracasos que la hicieron más fuerte. Ese espíritu generoso y el compromiso de ayudar a los demás que vive en ella es lo que comparte con su historia, y ofrece sabios consejos muy auténticos para quienes buscan seguir los pasos del éxito. En este libro queda claro que las innovaciones y los triunfos del pasado también pueden ser una guía poderosa para el futuro.

Los tiempos han cambiado, la audiencia, el lenguaje, las herramientas..., y tenemos que adaptarnos. ¿Cómo podemos ser tan ingenuos como para pensar que no tenemos que cambiar tan drásticamente como lo han hecho otras empresas? El marketing en red está compitiendo en este entorno dinámico. En los negocios la velocidad es esencial. Con la tecnología, una semana es ahora un día, un mes es ahora una semana y un trimestre es ahora un mes. Toma una decisión y, sea la que sea..., hazlo ya.

Para mí es un gran privilegio poder introducir este libro, que, con sus historias personales, mucha inspiración y formación, ilustra a la perfección todos los puntos que debes desarrollar para triunfar en un negocio basado en el Marketing Multinivel, con un método increíble que está dando resultados excelentes. Tú puedes lograrlo, vengas de donde vengas, porque tu pasado no determina tu futuro.

Larry Thompson
Mentor de negocios
Fundador de LT WealthBuilding

Larry Thompson es una leyenda del Marketing Multinivel; incluso *The Wall Street Journal* le llegó a llamar «El arquitecto de la construcción de riqueza». Apodado «el mentor de los millonarios», Thompson continúa entrenando a muchas de las empresas más importantes de la industria y a los mejores profesionales y líderes del marketing en red de todo el planeta con los conceptos de capacitación totalmente actuales, oportunos y relevantes que desarrolló hace más de cuatro décadas. Es autor del libro *El entrenamiento millonario,* del que ha vendido más de un millón de ejemplares en todo el mundo[1].

INTRODUCCIÓN

Hola. Si tienes esta obra en tus manos es que sientes curiosidad, eres un intrépido, un viajero o las tres cosas, así que te invito a que te embarques en esta travesía que puede llevar tu vida a un nuevo puerto; a planteártela, rehacerla o sencillamente a aprender algo nuevo del Marketing Multinivel y la Venta Directa.

Si sigues en este libro, en esta página y en este párrafo, a lo mejor no sabes por qué; sencillamente te pica la curiosidad, y esa curiosidad probablemente se produzca porque en el fondo de tu corazón sientes que hay algo en tu vida que podrías mejorar o cambiar... De eso va este viaje.

Te invito a que me acompañes en una travesía resultado de tres décadas de trabajo y experiencia por el fascinante mundo de las ventas, las comunidades, el crecimiento personal y empresarial, el liderazgo y el marketing de atracción, creando redes de *networkers* en varios países dentro de la industria del Marketing Multinivel (a partir de ahora MLM, por sus siglas en inglés, o simplemente «multinivel»). Y todo ello respaldado por los más de ochenta años de historia de este sector desde que irrumpió en EE. UU.

Durante este viaje me han sostenido dos mástiles de mi barco personal: mi familia, apoyándome desde el principio, y mi formación en comunicación, marketing y publicidad, que era mi profesión antes de comenzar mi negocio multinivel. No os voy a mentir: la publicidad estaba bien, pero el deseo casi visceral de independencia y libertad, de poder trabajar para mí, sin jefes ni empleados, eligiendo horarios, y sobre todo la voluntad de demostrarme de lo que era capaz, sin que nadie me colocara un techo de cristal por ser mujer, fueron el motor del cambio. Y todo esto sumado a mi actitud, esa actitud positiva que me acompaña desde que nací y que siempre me ayuda a superar los retos —que no han sido pocos en este viaje—. Es una travesía que inicié sin tener mucha idea de hasta dónde me llevaría, y han sido las olas las que me han traído hasta aquí, el lugar en el que, paradójicamente, estás tú.

Te propongo que me acompañes unas cuantas millas mar adentro de la industria MLM del siglo XXI para que, como los héroes de la antigua Grecia, que son los emprendedores, los auténticos luchadores de la actualidad, naveguemos juntos por las aguas del MLM, incluso si vienes desde cero, sin experiencia, llevando en tu equipaje unos pocos recursos, muchas expectativas y algunos sueños.

En mi trayectoria en la industria del MLM he recorrido todos los pasos necesarios para conocerla en profundidad de la A a la Z, con éxitos y fracasos vividos en primera persona. Esto me da la autoridad necesaria para afirmar que el contenido de este libro, relatado como un viaje, como una charla de café, como biografía y fundamentalmente como formación, puede ser tu plan B o, mejor dicho, tu plan A.

He reunido en cuatro partes, distribuidas en una docena de capítulos, información muy valiosa que espero que te inspire en tu viaje. Compartiré experiencias personales al comienzo de cada uno —lo identificarás por un icono de una pluma estilográfica— o mezcladas con temas alusivos en su interior, pequeños relatos de mi historia como emprendedora.

En la primera parte te comparto cómo conseguí traer la multinacional Herbalife Nutrition a España, cómo inicié mi viaje de empleada a emprendedora y todo lo que necesitas saber para comenzar tu negocio.

En la segunda, te contaré mi experiencia y aprendizaje acompañando en su visión y misión a Mark Hughes, fundador de Herbalife Nutrition y mi guía y maestro durante once años en este negocio, así como los ocho principios imprescindibles que me enseñó.

Además, pon especial atención al capítulo 5, «1000 horas con Jim Rohn», maestro de maestros, con resúmenes de la filosofía de negocios que pude aprender de él. Lo he escrito con mucho cariño como homenaje a mi mentor, consejero y amigo, que durante casi veinte años alimentó con sus palabras mi mente y mis sueños... Aún lo sigue haciendo.

También en esta segunda parte te explico lo poderoso que este negocio es para todas las mujeres y cómo ayuda a mejorar tres áreas fundamentales que nos preocupan: la falta de dinero, de tiempo y reconocimiento, las mujeres somos los cimientos de este negocio. Y no puedo dejar de hablar en este apartado del nuevo escenario digital, de la actual revolución tecnológica global y del cambio que se está produciendo en nuestra industria aprovechando la conexión *online,* la inteligencia artificial, los robots y los algoritmos aplicados a los canales de promoción, prospección y venta en Internet.

Un poco después, en la tercera parte, compartiré contigo mis armas secretas —métodos, estrategias y tácticas— para que puedas comenzar tu viaje de empleado a emprendedor. Y también descubrirás cómo el marketing de atracción y el omnicanal, enseñados por el profesor Philip Kotler —considerado el padre del marketing—, serán nuevos cimientos para la expansión y duplicación de tu negocio.

Precisamente en Emprendizaje Max «Aprender para emprender» para el éxito de nuevos emprendedores, te invito a poner en marcha cuatro planes de noventa días para el primer año de tu negocio con todo lo que necesitas saber sobre ventas, multinivel y sus fundamentos universales, que he practicado durante años tras conocer sus secretos de la mano de Larry Thompson y aplicándolos al actual mundo digital cambiante. Por su parte, en Emprendizaje Pro «Para el triunfo de héroes y líderes» te enseñaré el *coaching* estratégico para ti y tus equipos con tres ideas esenciales para crecer y emprender —que aprendí con Paul J. Meyer— más tres principios fundamentales que me enseñó Tony Robbins, además de los diez fundamentos del éxito y las siete causas del fracaso.

Hablaremos del fracaso, de la importancia de la palabra, de los espejismos del éxito, del camino personal y mucho más, todo aderezado con tres décadas de mi propia experiencia contada en primera persona. Como en el viaje de Ulises de regreso a Ítaca, tendrás que recorrer tu propio camino, arriesgarte en la travesía y superar los desafíos para convertirte en un profesional de éxito, crear un negocio o ampliar el que ya tienes y obtener grandes satisfacciones e interesantes beneficios.

En resumen, te hablaré de mi viaje personal y de los desplazamientos por todo el mundo, ayudando a muchas personas a construir negocios independientes. Te descubriré la cara A —el éxito y el reconocimiento— y la cara B de este negocio —los que no lo consiguen, los fracasos, porque a fracasar también se aprende para poder, como el ave fénix, resurgir de las propias cenizas—.

Mi objetivo es, querido lector o querida lectora, que, si estás en la industria de la Venta Directa y el Marketing Multinivel; si te va bien pero quieres que te marche mejor; si aún no estas satisfecho con tus resultados; si has estado y quizás quieras volver; si no quieres ni oír hablar del tema pero la curiosidad te corroe, o si simplemente quieres saber de qué se trata, tienes grandes aspiraciones o pequeños sueños y necesitas un mentor que te impulse a seguir adelante..., te sirva este libro, que he escrito especialmente para ti.

La pandemia ha sido una llamada de atención mundial; infinidad de personas se han dado cuenta de que no hay un empleo seguro, sobre todo muchas mujeres y hombres que quieren trabajar desde casa y buscan nuevas vías de salida. Cada vez hay más personas que analizan oportunidades; que no quieren vivir para trabajar, sino trabajar para vivir... con calidad de vida, para conciliar; con empresas y negocios sostenibles para contribuir a preservar el planeta y con su mera existencia ayudar a hacer un mundo mejor; con su propia actividad, su propio negocio como empresarios autónomos e independientes, representando una empresa, unos productos o servicios de vanguardia y un sistema probado durante años que les garantiza que funciona... Les funciona a muchos, ¿por qué no a ti? Por todas estas razones, este libro es para ti.

Y todo con humildad y respeto por los grandes líderes de la industria MLM, algunos buenos amigos míos, que están navegando compartiendo la oportunidad con rumbo firme y decidido, directos al cumplimento de sus sueños.

Y como en toda singladura hay que ir bien pertrechado, te ofrezco algunos «regalos» que encontrarás al final de la obra. Además, incluyo un breve glosario con algunos términos propios del MLM y el marketing en general que espero que te resulten útiles.

En resumen, pretendo que mi trayectoria resulte útil y aclaratoria para que la dignidad y el respeto a esta industria y sus gentes emprendedoras sean máximos a través del conocimiento. He trabajado mucho jugando en la primera división y aprendiendo de los mejores para enseñarlo después. Ahora es el momento de entrenar, de compartir lo aprendido, impartiendo conferencias, talleres y cursos, intentando aportar valor al mercado. Ese es mi propósito de vida; para eso también es este libro.

He navegado la mitad de mi vida por esta industria. He creado una organización internacional de empresarios independientes y alcanzado muchas metas, continúo compartiendo mi visión por el mar de la oportunidad, con emprendedores que buscan logros. Yo no he «trabajado» en las últimas décadas, porque mi actividad es mi misión, es mi pasión y un vehículo para ayudar, pero sobre todo sigo disfrutando del viaje porque amo lo que hago.

Acompáñame... ¿zarpamos?

«¿Qué quieres ser de mayor?», me preguntaron.
«Cuando sea mayor quiero enseñar a la gente a
APRENDER A VIVIR», respondí...

... y curiosamente eso es lo que hago desde hace más
de treinta años y es de lo que trata este libro:
APRENDER, EMPRENDER y VIVIR.

PARTE I

CUANDO LA OPORTUNIDAD TE ENCUENTRA

1

DEMÉTER, LA DIOSA DE LA COSECHA

Cómo conseguí traer una multinacional de multinivel a España

«Dentro de veinte años estarás más decepcionado por las cosas que no hiciste que por las que hiciste. Así que suelta amarras, navega lejos de puertos seguros, atrapa los vientos favorables en tus velas. Explora. Sueña».

MARK TWAIN

1. El viaje

Caía la tarde, las nubes surcaban a ráfagas el cielo mexicano, un olor agradable a tierra húmeda flotaba en el aire limpio, una suave brisa de agosto invitaba a la conversación distendida y a las bebidas refrescantes. «Tómate esto para suavizar el *jet lag*», me ofreció mi amiga Alina poniendo dos pastillas marrones en la palma de mi mano. No pregunté qué eran, las miré y, con tranquilidad, me las tomé... Sentada con su familia y la mía en el jardín de su preciosa casa de Guadalajara, México, entre charlas y risas me tomé dos pastillas que cambiarían mi vida para siempre: sin saberlo, me acababa de comer mi futuro.

Aquel verano de finales de los ochenta fue el puerto de mi odisea personal, un viaje mítico a México y luego a Nueva York en el que me encontré con Alina, mi Circe particular, una amiga que, entre limonadas y tamales, puso el negocio multinivel en mi mano.

Ese fue el principio de la segunda parte de mi vida profesional —antes era publicista—, en el que inicié mi carrera como emprendedora. Querida Alina, gracias infinitas de por vida.

Nueva York, esa ciudad abierta a lo inesperado, a la diversidad, que invita a sentirte ciudadana del cosmos, a mirar para arriba mientras caminas sorprendiéndote de cada edificio, de cada individuo, de cada parada de metro... En aquella época Nueva York significaba para mí vivir la experiencia de estar en el centro del mundo, donde pasan las cosas. Pasear con mis zapatillas y los tacones en el bolso —sí, lo reconozco, había visto más de una veintena de veces *Armas de mujer*— me hacía sentir como una *newyorker* de Madison Avenue. Caminaba hasta el Upper West Side, donde vivía, una travesía que a diario impulsaba mis sueños a llegar más lejos, más alto. Y un sábado por la tarde en el majestuoso hotel Plaza, en la Grand Army Square, bordeado por la Quinta Avenida y Central Park, el destino me encontró, o yo lo atraje hacia mí, quién sabe: asistí sin ser consciente a mi primera reunión multinivel de una empresa llamada Herbalife Nutrition de la que nunca había oído hablar...

... y allí fue donde la oportunidad me encontró.

2. Mi primera reunión

Caminaba despacio por el lujoso *hall* del hotel sintiendo cómo mis tacones se hundían en la alfombra. Sabía que era un lugar emblemático de la ciudad y lo miraba con fascinación; me habían invitado a la presentación de una empresa de vitaminas y buscaba con curiosidad dónde se encontraba el salón en el que me habían citado.

Lo que me encontré al llegar fue la reunión más extraña a la que había asistido en mi vida: personas variopintas de diferentes edades, estilos y colores moviéndose al ritmo enérgico de una música a tope que invitaba a unirse. Una energía diferente recorría la sala; había oradores en el escenario, aplausos y gente hablando de las bondades de unos productos; más aplausos, más música... ¿Os suena? Que levante la mano aquel que haya ido por primera vez a una reunión de Marketing Multinivel (MLM) y no se haya quedado en *shock*.

En la cultura estadounidense de negocios y ventas, el entusiasmo, la motivación y los aplausos *non stop* forman parte de lo normal, pero era absolutamente insólito para una chica como yo, que venía de España. Y eso a pesar de que trabajaba en publicidad, sector que me impulsaba a estar al día en tendencias y modelos de negocio. Pero aquella reunión fue demasiado, necesité un poco de tiempo para digerirla.

De una reunión tan sorprendente se sale ateo o creyente, pero desde luego no indiferente, y eso me paso a mí. Un cóctel de curiosidad y escepticismo me tuvo varios días dándole vueltas. No sabía si me había gustado o no, pero algo debió de calar en mí cuando decidí escuchar más atentamente a mis amigos sobre las oportunidades que ofrecía la industria del MLM... Me invitaron a una cena en uno de los sitios más chics de la ciudad, así que me dije: «¿Por qué no? Al fin y al cabo estás en la Gran Manzana, la ciudad de las oportunidades». Me puse unos tacones fucsias y mi chaqueta a juego y paré con un silbido un taxi amarillo... —¡Ah, cómo me gustan esos taxis amarillos!— un taxi directo a mi próximo destino; estaba dispuesta a escuchar el canto de las sirenas.

3. Una maleta llena de sueños

Cuando regresé a Madrid tenía la firme convicción de que yo podría traer la empresa Herbalife a España. Mi idea estaba a la altura de mi desconocimiento y prepotencia, ya que no tenía ni idea de cómo hacerlo. Pero abrí mis agendas, hice enormes listas de contactos y comencé a reunir en mi casa a amigos y familiares tres tardes a la semana —entonces no existían Internet ni las redes sociales; los contactos eran persona a persona—.

Como en un poema de Homero, mi viaje se deslizaba por aguas tranquilas. Con un entusiasmo «comedido», digamos «a la española», les hablaba sobre una empresa que «vendría», un sistema de negocio novedoso que «vendría», unos productos espectaculares que «vendrían» porque yo iba a traerlos a España; les decía que nos convertiríamos en empresarios y ganaríamos mucho dinero... Hablaba en futuro porque no había visto la compañía ni conocía el sistema multinivel en profundidad, solo un poco sobre los productos. Salvo lo que les contaba entusiasmada, nadie tenía ni idea y, la verdad, yo poco más que ellos. Pero había una diferencia: yo estuve en aquella reunión de Nueva York y me encontraba *in love* con la idea.

Hoy todavía me acuerdo y pienso cómo pude ser tan imprudente..., perdón, tan audaz.

Pero como no sabía que no se podía, lo hice, como los argonautas.

4. La persistencia, la siembra y la fe

Sin saberlo, como la diosa Deméter, estaba sembrando las semillas de mi próxima organización de *networkers*. Llevé a cabo esas reuniones durante algo más de un año. Cada mes enviaba una carta a las oficinas centrales de la empresa a la atención del fundador, Mark Hughes, a Los Ángeles, California, con los nombres de todas las personas que asistían a mis reuniones en casa y sus datos personales, insistiendo en que cuando la empresa abriese en España estábamos interesados en afiliarnos a ella. Pero sin respuesta.

En diciembre de 1988 tiré la toalla. Llamé a Alina a Nueva York y le dije que lo dejaba, que no podía continuar, que no teníamos noticias de la compañía, que mis amigos comenzaban a desconfiar de mi discurso; incluso los más allegados me advertían muy paternalmente de que no me involucrase más en un proyecto que no tenía pinta de salir. Defraudada y decepcionada, visto lo visto, hablé con mis amigos y me despedí: gracias por todo y feliz Navidad.

El 7 de enero de 1989 —lo recuerdo muy bien porque estábamos celebrando el cumpleaños de mi madre— recibí una llamada de Alina:

—Alicia, Herbalife abre este año en España. Es fantástico. ¡Gracias, eres una jabata!

Ante la sorpresa, le respondí con timidez:

—Estupendo... ¿Y cómo lo has sabido, te han enviado alguna notificación?

—No, me lo ha dicho el mismo Mark Hughes subiendo en el ascensor desde la sala de reuniones a su *suite* en el hotel donde estamos en un *meeting*...

Hubo un silencio casi incómodo; mi mente era un carrusel de dudas, ideas, susto y alegría. Al fin tomé aire y respondí:

—¡¡¡Genial, vamos a por ello!!!

5. Despedí a mi jefe y comencé mi proyecto como emprendedora

Ese mes, enero, despedí a mi jefe —así me gusta decirlo— y comencé mi viaje hacia lo desconocido, ese viaje de empleada a emprendedora que relataré capítulo a capítulo de este libro a modo de cuaderno de bitácora para que te sirva de guía y vivas el tuyo.

En febrero, marzo y abril retomé todos los contactos y multipliqué las reuniones en mi casa. Recuerdo que no tenía ningún producto para vender o mostrar; solo los que me traía una amiga azafata de American Airlines para mi consumo y que yo rellenaba cuidadosamente con arroz para que pesasen y después los colocaba en una bandeja de plata en la mesa del salón para que sirvieran de muestra.

La empresa todavía no tenía oficinas, no había ninguna evidencia de que la compañía abriría en el país, la cuenta del teléfono era desorbitada... Pero como si una fuerza interna me sostuviese, cada día estaba más entusiasmada y contagié mi estado a unos pocos de todos aquellos amigos leales que creían no en la empresa ni en los productos, sino en mí. Aquello me enseñó que no es importante lo que vendes, sino cómo lo vendes.

El 8 de mayo llegaron a Madrid Alina y su familia y los invité a mi casa para tenerlos más cerca y aprender sobre el negocio. Durante tres días intensivos absorbí como una esponja formación e información que normalmente se aprenden en un año y organicé la primera reunión de mi vida de *network marketing,* como se decía en la época: el 11 de mayo en el hotel Convención de Madrid.

6. Y llegó el día: la presentación de mi negocio

«¿Cuántas personas crees que vendrán?», me preguntó Víctor, el marido de Alina, caminando por el pasillo del gran salón de la reunión. Respondí: «No sé, he invitado a mucha gente; además, les he dicho que traigan a sus amigos o familiares interesados en escuchar nuestra oportunidad de negocio». «¿Pero cuántos te han confirmado?», insistió. «Unos ochenta», respondí. «Entonces vamos a retirar algunas sillas al final de la sala. Aquí hay trescientas y son muchas», afirmó. Empecé a recoger sillas, fui a hablar con el gerente y le expliqué la situación, pero cuando volvimos al salón no podía creer lo que veían mis ojos: la gente empezó a entrar y entrar y entrar, de forma que, cuando quisimos darnos cuenta, no solo tuvimos que volver a poner las trescientas sillas, sino cincuenta más, que sacamos de otras salas, y hasta hubo gente que se sentó en el suelo.

Impecable, con un traje de chaqueta negro y zapatos rojos de tacones altísimos, comencé a saludar a los asistentes, a personas amigas con sus invitados, a otras desconocidas enviadas por terceros... Estaba extremadamente nerviosa, pero trataba de ocultarlo ejerciendo como la perfecta anfitriona y con una gran sonrisa. Siempre se me ha dado bien controlarme en situaciones especiales.

Había hecho una cuidada selección de música y decorado el escenario con enormes plantas, y en un lateral hice colocar una elegante mesa con un *display* de productos —los mismos que tenía en mi casa rellenos de arroz, pero eso nadie lo sabía...—.

Víctor me hizo una señal desde el otro lado de la sala, me acerqué y fuimos caminando lentamente por el lateral hacia el escenario. Le pregunté: «¿Cómo quieres que te presente?». Su respuesta fue: «Alicia, querida, la reunión la vas a dirigir tú». Y, sujetándome por el codo, me impulsó a subir al escenario.

Aquello fue mi primer salto al vacío, mi primera reunión de MLM, presentando la empresa y la oportunidad; el resultado de dos años de llamadas y reuniones compartiendo proyectos de futuro, invirtiendo mucho tiempo e ilusión y sin haber ganado todavía nada de dinero; solo sostenida por una fuerza interior. En ese instante pasaron por mi mente a la velocidad de la luz todo ese tiempo, los afines y los escépticos, los que confiaron en mí y los que no, las dudas, los miedos... Pero en aquel momento parecía que empezaba a materializarse, ya que más de trescientas personas me miraban sonrientes y esperaban mi discurso. Con voz titubeante y un ligero temblor de piernas, comencé a dar la bienvenida.

Mi presentación fue desastrosa desde un punto de vista profesional y cometí todos los errores posibles, pero resultó todo un éxito como *networker:* al finalizar firmaron sus licencias de distribución 125 personas, todas las que nos enviaron desde Los Ángeles. Además, como quedaron personas interesadas sin poder afiliarse, abrimos una lista de espera para cuando llegasen las siguientes licencias.

Esto fue lo que ocurrió; el viaje había comenzado. Ya no estaba sola, pues un pequeño grupo de personas emprendedoras se encontraba en marcha y quería acompañarme: desplegamos las velas y comenzamos a navegar; la aventura acababa de empezar.

7. Cuando la oportunidad te encuentra

Tuve que enfrentarme al desconocimiento, los prejuicios y los mitos que en aquella época existían sobre los negocios multinivel, no conocidos para la mayoría. Muchos los confundían con pirámides, y no precisamente de Egipto; todavía hoy quedan algunos coletazos y mala percepción en algunos sectores, aunque se van diluyendo como azucarillos porque los hechos convencen más que las palabras. No obstante, aún hoy puede que esto te suceda a ti.

8. Mitos y prejuicios

Analicemos algunos de los mitos que persisten en la actualidad y que espero que en un futuro próximo solo queden en el recuerdo. La mayoría de estas ideas se han generado por desconocimiento y por las malas prácticas de algunos distribuidores de esta industria, que no se han tomado el tiempo de formarse, informarse, tener resultados y ser serios y profesionales a la hora de proponer su negocio. Hacen mucho daño, ya que manejan conceptos irreales y exagerados.

Lo bueno de este negocio es que puede formar parte de él cualquier persona sin importar la edad, el sexo, la nacionalidad o la formación. Y lo malo es que también puede formar parte cualquier persona sin importar la edad, el sexo, la nacionalidad o la formación.

Con esto quiero aclarar que este negocio está formado por personas, y que son estas quienes, como en cualquier empresa, viven y trabajan de acuerdo con su forma de ser, o sea, son buena gente, mala o regular, como la vida misma. La oportunidad de que pueda ingresar cualquiera también es un arma de doble filo porque no todos tienen espíritu emprendedor ni están dispuestos a trabajar hasta lograrlo ni a darse el tiempo para aprender, es decir, no todos han realizado el viaje de empleado a emprendedor, físicamente, para cristalizar el cambio de mentalidad, ni han adquirido las habilidades necesarias para construir la mente de un empresario. A continuación te muestro alguno de estos mitos erróneos:

- **Te harás rico sin trabajar.** Es algo impensable en este negocio y en todos los que conozco. Lo que sucede es que algunas personas conceptúan el trabajo solo si vas a una empresa, una oficina, un taller o una tienda o si tienes un horario y unos ingresos fijos. Parece que emprender no entra en estos parámetros y piensan que solo con introducir a algunas personas en su equipo será suficiente para hacerse rico. Desde luego, es una afirmación falsa.

- **Son una secta.** Se trata de una imagen fanática en el exterior causada a veces por haber asistido a alguna reunión y ver a un grupo de gente motivada aplaudiendo, gritando, etc. Por cierto, esto ocurre en la sociedad cuando un conjunto de personas se reúne con un objetivo o un fin común y participan de lo que se llama *cabeza colectiva sideral,* una corriente de energía positiva o negativa que afecta a todos. Esto sucede en los conciertos, los partidos de fútbol, los mítines políticos o cualquier reunión social donde se juntan personas. No hay la misma energía en una boda que en un entierro.

  Llevo treinta años en este negocio y te puedo asegurar que cada persona puede ser o hacer en su vida privada lo que quiera, pero no trasciende al área del negocio. Al menos es así en todos los países donde he viajado llevando la bandera del multinivel. Lo que puede suceder es que quizás en algún lugar un distribuidor mezcle sus inclinaciones religiosas o políticas con su negocio: craso error, pues el MLM es un negocio, no una agrupación religiosa ni un partido político. Por tanto, es una afirmación totalmente falsa.
- **Ganarás mucho dinero trabajando una hora al día.** A veces la gente se siente engañada, y con razón, porque alguien le ha prometido hacerse millonaria dedicando solo unas pocas horas a la semana. No te lo creas, esto no ocurre; quien difunde esta idea no conoce este negocio. Dedicar unas pocas horas a la semana nos dará la oportunidad de tener unos ingresos extra a final de mes que nos ayudarán en nuestra economía, pero de esto a hacerse millonario hay mucho trecho. Por eso está afirmación no es cierta.
- **Solamente funciona para los de arriba.** Los planes de marketing o compensación económica varían de una empresa a otra, pero todos son serios si la compañía lo es y se han contrastado durante años. No importa el tiempo que llevas en la actividad ni si estás más arriba que el que acaba de ingresar: la oportunidad

es igual para todos; los beneficios los genera lo que tú eres capaz de producir. Si creas una organización más grande o más productiva que los que estaban antes que tú, cobrarás más que ellos; generalmente el que más trabaja más gana. Por tanto, es una premisa falsa.

- **Los comentarios negativos del entorno, la familia y los amigos.** Es normal que ante el desconocimiento social de cómo funciona el MLM y las antiguas historias que circularon sobre empresas fraudulentas que fueron auténticas estafas piramidales, las personas desconfíen y tu entorno sea escéptico y no te apoye al principio. Esto se soluciona hablando con ellas con educación, explicando los hechos ante las opiniones. Desde luego, si tú has tomado la decisión de comenzar, serán tus resultados los que demuestren que se trata de un negocio serio y que funciona. Solo debes exigir respeto a tu decisión.

  Por otro lado, perseguir a tu familia y a tus amigos para que entren en tu equipo es la mejor manera de espantarlos, pues no a todo el mundo le gusta este tipo de trabajo. Mi consejo es al principio explicar una vez lo que haces o lo que pretendes hacer, con seguridad, y dejar de molestarlos, o no te invitarán a su próximo cumpleaños. A medida que obtengas resultados, se irán interesando poco a poco.
- **Desconocimiento social.** La gente está acostumbrada a conocer las empresas y los productos que compra a través de la publicidad en los medios de comunicación. Las empresas del MLM generalmente no hacen publicidad como los grandes anunciantes, sino que son sus distribuidores quienes ponen el producto en el mercado, o son noticia por sus patrocinios deportivos o por sus ayudas sociales a la comunidad. En la actualidad, gracias a la visibilidad de las grandes empresas del sector, la gente está cada vez más informada. Y a esto hay que añadir la revolución digital, que se encarga de difundir a través de Internet y de las redes sociales las informaciones de compañías y emprendedores.

Me enfrenté a muchos de estos retos y salí victoriosa porque tenía un sueño y no estaba dispuesta a que nada ni nadie me impidiese llegar hasta lo más lejos que pudiese.

En los siguientes capítulos te acompañaré con mi experiencia y haremos juntos un viaje para ayudarte a llegar a la cima. La analogía homérica que verás durante todo el libro entre el viaje de Ulises y el tuyo como emprendedor aportará ideas y conocimientos porque es una metáfora que ilustra el concepto «Aprender para emprender» que verás en los capítulos 8, 9 y 10.

Por si no te acuerdas o no has leído la *Odisea,* aquí va un pequeño resumen: Ulises es el héroe que, después de combatir en la guerra de Troya, decide regresar a Ítaca, su casa, donde le esperan su esposa Penélope y su hijo Telémaco. Al final el viaje dura diez años, y en él el protagonista se enfrenta a muchos peligros y vicisitudes hasta lograr su meta.

En tu viaje para convertirte en emprendedor de éxito en la industria MLM, deberás ser estudiante, profesor y maestro, viajero comprometido y patrón de tu propio destino, porque cuando llegues a tu meta personal lo harás con un equipaje repleto de conocimientos y experiencias tras superar muchos de tus límites al mantener en tu mente y en tu corazón un objetivo y, además, habiendo disfrutado de toda la travesía.

Hoy puede ser el primer día de vida en tu negocio MLM.

2

LA ODISEA DEL MULTINIVEL

Cómo inicié mi viaje como emprendedora

«Toda verdad pasa por tres fases: primero es ridiculizada; segundo, se le opone violentamente, y tercero, es aceptada como evidente».

ARTHUR SCHOPENHAUER

1. Libertad

¡¡¡Tengo que marcharme de casa!!!

Cogí una maleta pequeña y poco a poco la llené: un pantalón campana que me había comprado con mis ahorros y que mis padres no sabían que existía, un jersey azul que me encantaba, una cruz pequeñita que me habían regalado el día que hice la primera comunión, mis libros preferidos —*Los tres mosqueteros,* de Alejandro Dumas, y *Platero y yo,* de Juan Ramón Jiménez—, algunas pocas cosas más que me parecían muy importantes porque me tendrían que acompañar durante mucho tiempo, mis cintas para el pelo y algo de dinero que había reunido y guardado como un tesoro. Salí de casa hacia el instituto; me pasé el día haciendo todo tipo de planes, pero ninguno me parecía ni bueno ni seguro. Por la mañana había salido para no volver, pero volví.

Tenía solo catorce años y ya pensaba en emprender el viaje. Crecí con esa idea en la mente durante toda mi niñez y adolescencia; era mi gran secreto, una infancia triste y solitaria en la que no me faltó nada material, mis padres me dieron todo lo que podían darme y más; únicamente no tuve lo que más deseaba: amor, atención y ternura. Tuve problemas por esa falta de cariño, que he tratado de superar durante muchos años pero que se convirtió en mi piedra angular, la base de la mujer que soy hoy.

Fui una buena estudiante con alma de *hippy* en España; California estaba muy lejos, por lo que lo del *flower power* estadounidense me llegó un poco tarde. Así y todo, no quería ser ni maestra ni secretaria ni médica ni abogada ni nada de lo que seguro que satisfaría mucho a mis padres. Yo quería hacer algo diferente. ¿Qué tal fotógrafa, locutora de radio, diseñadora de moda, viajar por el mundo o dar conferencias sobre temas interesantes? Vi en directo a mi padre participar en un debate en la recién estrenada Televisión Española; solo había un canal en blanco y negro y me pareció tan extraordinario que le viesen y escuchasen en todo el país que en ese momento decidí que yo quería hacer lo mismo. Es decir, hablar en la televisión, hacer algo nuevo, diferente, moderno, importante...; quería ayudar a la gente, viajar y ser libre. Hoy algunos de esos sueños infantiles se han cumplido.

Libertad: lo tengo grabado en mi frente desde que nací.

Todos nacemos con algún talento innato y nuestro trabajo es encontrarlo y cultivarlo. Creo que nací con el de la comunicación; hablar con las personas siempre ha sido fácil para mí, desde pequeña he sabido cómo expresarme, qué decir y cómo decir lo que quería. Por tanto, esa manera de exponer mis argumentos, esa decisión inquebrantable, esa meta silenciosa que en secreto quería alcanzar, esas persuasión, persistencia y firmeza con las que les insistía impresionaron tanto a mis padres cuando les dije «quiero estudiar Comunicación y Publicidad», que al final cedieron.

Y no fue en lo único en lo que tuvieron que transigir: en segundo curso, mientras estudiaba, me busqué sola mi primer trabajo en una agencia de publicidad en Madrid. En una cabina telefónica cerca de la Gran Vía gasté todo mi dinero haciendo más de treinta llamadas de un listado de agencias de publicidad que saqué de la guía telefónica. En cada llamada preguntaba si necesitaban a alguien para el departamento creativo. Recuerdo que estaba en plena llamada, cerrando una entrevista, cuando escuché la señal de estar a punto de quedarme sin dinero, así que salí corriendo y se lo pedí a una señora que estaba en la fila para llamar después de mí. Sorprendentemente, me lo dio.

Al final, en aquellas treinta llamadas conseguí dos entrevistas, y en una de ellas, de una manera casi mágica, me contrataron en Balena Publicidad. Pero esta noticia ofendió mucho a mi padre, que entró en cólera y me gritó que él podía mantener perfectamente a su familia y que no hacía ninguna falta que yo trabajase; que me dedicase a estudiar y punto. ¿Qué podía hacer? Respiré, miré hacia dentro y, sacando fuerzas de algún sitio, hablé y hablé... y sin darme cuenta estaba haciendo mi primera exposición de ventas. Aunque me faltaban el PDF o el PowerPoint, al final mi padre cedió, si bien se empeñó en acompañarme hasta la puerta de la agencia de publicidad mi primer día.

Trabajaba por la mañana, estudiaba por la tarde y soñaba todo el tiempo...

Mi ilusión se truncó con mi primer fracaso profesional. A los dos meses lo que conseguí fue un bonito despido, pues no cumplía las expectativas de la empresa. No era lo que necesitaban, me dijeron muy amablemente, pero a cambio me dieron un cheque y una carta de recomendación excelente. Salí de la agencia y lloré amargamente sentada en la escalera durante un buen rato. Allí mismo tomé una decisión: no se lo diría a mis padres y me buscaría otro trabajo. Respiré hondo —al fin y al cabo, ya sabía cómo hacerlo— y me marché a la calle. Era primavera.

Al día siguiente salí por la mañana de casa como si fuese a trabajar, pero lo que realmente hice fue repetir lo que me había dado resultado: volví a la cabina telefónica de la Gran Vía, esa vez con dinero de sobra, y llamé a otras agencias. Ahora tenía una carta de recomendación y experiencia de dos meses, tiempo en el que absorbí como una esponja todo lo que vi, escuché y me enseñaron. Una semana más tarde ya tenía un nuevo trabajo con exactamente el doble de sueldo que en el anterior. Me contrataron en Dardo Publicidad. Cómo les conté el cambio de empresa a mis padres, eso es otra historia...

Te relato estos comienzos de mi vida personal y profesional, querido lector o querida lectora, porque han marcado hasta hoy mi actitud como mujer, profesional y emprendedora. Me hicieron tener la seguridad de que todo se puede si te dedicas con trabajo, persistencia y pasión; esto, sumado a la actitud positiva que siempre me acompaña, es el motor que me sustenta. He aprendido que los fracasos son experiencias y el comienzo de nuevas oportunidades.

2. Comenzando el camino

Todos tenemos sueños que queremos que se cumplan y metas que deseamos alcanzar, pero solo podrás lograr algunos de tus sueños si los conviertes en metas, si esas metas tienen un plan para ser alcanzadas y si te pones en acción, es decir, si te pones a trabajar.

Antes de poner en marcha el método que he desarrollado y que te explicaré en capítulos posteriores, es absolutamente fundamental e imprescindible que conozcas en profundidad la situación actual de la industria multinivel y, sobre todo, sus ventajas.

Conozco desde dentro cómo es la actividad independiente que te han ofrecido, o en la que ya estás, y las dificultades que te vas a encontrar no solo en los inicios, sino en el transcurso de tu negocio, y lo voy a compartir contigo a lo largo de los diferentes capítulos; esto te ahorrará muchos dolores de cabeza. Tener el conocimiento completo de qué es y cómo funciona este sector te aportará poder.

3. Venta Directa y Marketing Multinivel

No todas las empresas de Venta Directa son multinivel; la Venta Directa es un modelo que pone productos y servicios en el mercado fuera de establecimientos y solo a través de agentes, socios o distribuidores —significan lo mismo—, que los llevan directamente desde el fabricante hasta el cliente final. El único intermediario es dicho distribuidor, quien recibe una comisión por sus ventas personales. En algunos casos también puede obtener comisiones de las personas que incorpora directamente a su equipo en primer nivel, denominado *uninivel* o *mononivel.*

El multinivel es un modelo de negocio en el que, al igual que en la Venta Directa, sus distribuidores proveen los productos directamente a sus clientes, por lo que reciben una comisión. Pero además —y es aquí cuando pasa a ser un modelo multinivel— dichos distribuidores pueden incorporar a personas a su equipo y que estas hagan lo mismo. Se crean así diferentes niveles o redes y se perciben diferentes comisiones, *royalties,* bonos e incentivos de la organización de distribuidores creada.

4. Planes de compensación económica

Existen diferentes modelos o planes de marketing que regulan cómo se gana el dinero en esta industria y que varían según la cantidad de dinero proveniente de las ventas que quiere repartir la empresa entre sus distribuidores. Básicamente son cuatro, pero con frecuencia se generan otros híbridos basados en los que ya han demostrado que funcionan:

1. **Escalonado *(stair-step breakaway).*** No hay límite ni en anchura ni en profundidad. Recibes comisiones, *royalties* o bonos de todas las personas de niveles descendentes hasta que alguien iguala tu posición. Es el modelo de empresas como Amway, Herbalife o Forever Living.
2. **Binario.** Se basa en dos líneas frontales, o centros de negocios, que se duplican en otros dos, y así sucesivamente, que originan

diferentes niveles. Es el caso de compañías como Usana o PM International.

3. **Matrix, matriz o matricial.** Tiene un límite de patrocinio en anchura de primer nivel y en profundidad y algunas empresas ofrecen bonos extra.
4. **Híbrido.** Se trata de planes de empresas más jóvenes que mezclan aspectos de los anteriores modelos. Un ejemplo es Kyäni.

Los productos que distribuyen las compañías de esta industria pertenecen a sectores como los de bienestar, suplementos alimenticios, cosmética y belleza, cuidado personal, hogar, joyería, moda, nutrición, seguridad, tecnología, telecomunicaciones, viajes, etc.

Tipos de productos que distribuyen las compañías de la industria MLM

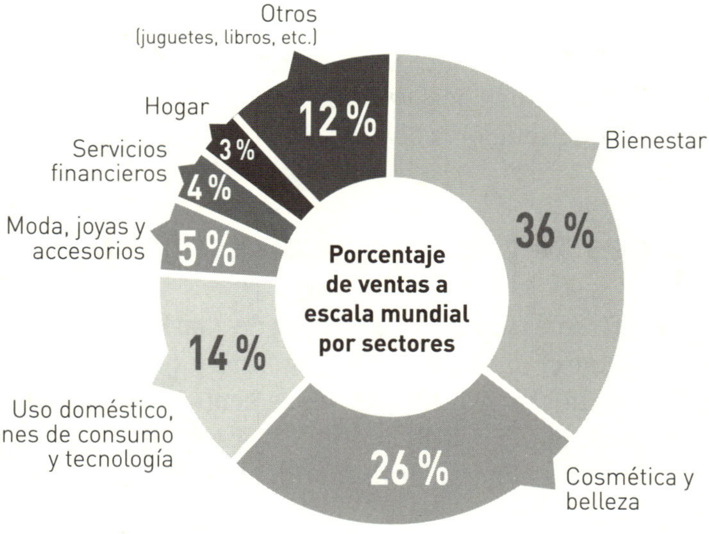

Fuente: Datos de la Federación Mundial de Asociaciones de Venta Directa (WFDSA).

5. ¿Es legal o ilegal?

Cuando yo comencé muy pocas personas en España tenían claro qué era el MLM; la mayoría no tenían ni idea. En las décadas de 1970 y 1980 mucha gente había sido defraudada e incluso estafada por las llamadas *cadenas* o *empresas piramidales fraudulentas, esquema Ponzi,* etc. Y si no lo había sido directamente, tenía algún familiar o amigo que le había contado que conocían a alguien que había tenido malas experiencias con «ese tipo de sistemas». La gente tiene miedo de lo que desconoce. Por tanto, era normal que no viesen clara o interpretasen de forma errónea mi propuesta porque desconocían este modelo de negocio; solo mi credibilidad como persona y la confianza que inspiraba en quienes me conocían me ayudaron a comenzar.

Fueron años muy difíciles, ya que el mercado español aún no estaba preparado para sistemas de distribución novedosos. Muchas de las respuestas eran: «Ahhh, es piramidal», y tenía que explicar una y otra vez que esos sistemas eran ilegales y que en ellos no se vendía ningún producto, que el dinero que prometían procedía de hacer una inversión de dinero y supuestamente los beneficios vendrían de la cantidad que invirtieran los demás, y que eso no tenía nada que ver con las empresas serias de Venta Directa y MLM. Dedicaba mucho tiempo a desmarcarme de esas prácticas, para después explicar mi proyecto y la oportunidad que quería compartir.

Fue agotador. Además, los fabricantes y comercios también veían como una amenaza la competencia de la Venta Directa, con productos que no se encontraban en las tiendas, de primera calidad, novedosos e innovadores, a precios excelentes y acompañados de una persona experta que ponía cuerpo, mente y corazón, dedicada a compartir su excelencia y sus resultados.

Durante estos años hemos «ablandado» el mercado para todos los que han llegado después. Los veteranos del MLM sufrimos ataques en los medios de comunicación ocasionados por el miedo a un nuevo sistema de negocio y a que la distribución y la venta las realizaran personas físicas fuera de las tiendas; la prensa afirmaba que nuestro sistema no parecía serio, lo que generaba mucha desconfianza, algo similar a lo que sucedió cuando comenzaron las franquicias. Estas aparecieron en la década de 1970 con algunas marcas extranjeras de comida rápida *(fast food),* y los negocios tradicionales las veían como una tremenda amenaza. No obstante, las franquicias se fueron introduciendo lentamente en España. Ese proceso duró cerca de 25 años, tiempo marcado por el desconocimiento de esta fórmula de negocios, y en la década de 1990 se inició su desarrollo al pasar de ser un sistema desconocido a convertirse en una fórmula comercial de éxito contrastado; eso sí, solo para emprendedores con capital para invertir.

El modelo de franquicia ha sido más fácil de aceptar que el sistema multinivel porque, al necesitar un local, empleados, capital de inversión, etc., se parecía más a los sistemas tradicionales de tiendas. Como dice mi amigo, el Dr. Nataniel Viuniski: «A las personas no les gusta la innovación, a los hoteles no les gusta Airbnb, a los taxis no les gusta Uber, a los cines no les gusta Netflix».

He comprobado por experiencia propia que España no ha sido país de emprendedores; siento decirlo, pero después de más de treinta años ofreciendo esta oportunidad en España y en el mundo, mi país es un hueso duro de roer. Tradicionalmente la mentalidad española del trabajo seguro, el sueldo fijo, fichar y esperar a final de mes para cobrar, el llamado *síndrome del funcionario,* ha sido la base para ganarse la vida. El miedo a emprender y a fracasar ha coartado durante años el espíritu emprendedor.

Eran muy pocas las personas que se iniciaban en el MLM; algunas empezaron tímidamente y muchas lo dejaron incluso antes de tener resultados, presionadas por los comentarios de familiares y conocidos que querían «salvarlas» de un presunto problema si emprendían algo nuevo. Yo los llamo *ladrones de sueños,* que opinan de lo que desconocen, no quieren salir de su zona de confort y a los que, íntimamente, no les gusta que otros lo hagan.

Fueron años «alegales» para el MLM: no había ley que nos amparase ni teníamos argumentos legales para defendernos; solo los hechos y nuestra palabra.

En la década de 1990 hubo muchos ataques públicos a esta industria en los medios de comunicación; ciertos *lobbies* de diferente procedencia se sentían amenazados por empresas en franca expansión que no necesitaban establecimientos para vender sus productos.

6. Los primeros desafíos

Entre 1992 y 1993 sentí en carne propia algunos de estos ataques, que hacían dudar a los nuevos prospectos y alejaban a algunos de los que ya habían comenzado.

Un gran reto consistió en combatir la mala publicidad que, como he mencionado, apareció en prensa: una página completa en una revista de tirada nacional y unas noticias en televisión cuestionando la legalidad de las redes de distribución multinivel fueron la espoleta y supusieron la primera gran caída de mi negocio. Los distribuidores, sobre todo los más nuevos, que aún no habían alcanzado los resultados que buscaban, e incluso algunos ya con experiencia y resultados económicos importantes, dejaron el negocio; el miedo se apoderó de ellos; los fantasmas del entorno y las dudas les presionaron tanto, que pensaron «sálvese quien pueda» y abandonaron.

Sabemos qué *lobby* trataba de frenar la fuerza arrolladora de las redes de venta multinivel en nuestro sector, pero no lo logró.

Reuní en mi casa a todo el equipo cercano y a los que pudieron venir a Madrid. Estaban preocupados y con mucha incertidumbre sobre qué pasaría con nuestros negocios a partir de ese momento. Les recibí en un ambiente relajado y alegre, con música animada, ofreciéndoles una copa de champán según llegaban; en la mesa había canapés, dulces y fresas con cobertura de chocolate. Al principio no entendían nada, pero les hice brindar a todos por nuestro negocio y les hablé; les hablé con fuerza y con pasión de nuestros proyectos, les hablé de nuestra visión de futuro. Teníamos los hechos, teníamos la experiencia y juntos éramos muy fuertes. Les hablé a sus corazones, les hablé de sus sueños y de no rendirnos jamás. Sus rostros cambiaron y sus ojos volvieron a brillar. Por último, más tranquilos y entre risas, brindamos porque se había cumplido una promesa que yo les había hecho hacía algún tiempo: «llegaremos a ser tan grandes que saldremos en la televisión», y habíamos salido.

Me costó algún tiempo reconstruir lo perdido, pero lo hice. Tenía confianza y fe, un propósito que cumplir y un compromiso conmigo y con muchas personas. Me curé las heridas y seguí adelante —solo se tiran piedras al árbol que da frutos— y continué proporcionando la oportunidad de emprender a más gente y en más países.

Nos esperaba un futuro arrollador en los siguientes años; solo unos pocos valientes, hombres y mujeres entre los que tengo el honor de encontrarme, iniciamos nuestro proyecto con confianza y pasión contra viento y marea, a veces a favor del viento y otras contra todos los vientos.

7. Detractores y desinformados

En la actualidad todavía hay personas que confunden las empresas MLM con el sistema piramidal, aunque cada vez menos porque ahora tenemos argumentos, historia, legalidad, formación en las universidades... y los hechos hablan por nosotros.

En lo que respecta a Europa, Reino Unido, Italia, Alemania, Francia y Países Bajos son los países punteros en este orden; apenas se han tenido que enfrentar a esa resistencia de la población al sistema MLM porque legislaron antes. Es de sobra conocido que las empresas piramidales que eran ilegales y que fueron expulsadas de dichos países vinieron a España y Portugal, donde durante más de una década dejaron un río de damnificados.

Tuvimos que esperar hasta 1996 para que en España se legislara sobre el MLM; siento decirlo, pero fue bastante más tarde que en la mayoría de los países europeos, que comenzaron a hacerlo en 1973.

En la actualidad España representa el sexto país europeo en presencia de MLM. El cambio de mentalidad aquí ha sido más lento que en el resto de los países, pese a que la aceptación de la fórmula Venta Directa y Marketing Multinivel, tan exitosa en EE. UU., Japón, Brasil y México —los principales mercados—, ya es un hecho.

Tanta gente y tantos países no pueden estar equivocados.

8. Y llegó la legalidad

El MLM en España está regulado por la Ley 7/1996, de 15 de enero, de Ordenación del Comercio Minorista —que regula la defensa de los consumidores—, en concreto en sus artículos 22 (Venta multinivel) y 23, (Prohibición de ventas en pirámide) —también está regulado por la Ley 3/1991, de Competencia Desleal—. A continuación te ofrezco el contenido de ambos artículos:

Art. 22. Venta multinivel

1. La venta multinivel constituye una forma especial de comercio en la que un fabricante o un comerciante mayorista vende sus productos o servicios al consumidor final a través de una red de comerciantes y/o agentes distribuidores independientes, pero coordinados dentro de una misma red comercial y cuyos beneficios económicos se obtienen mediante un único margen sobre el precio de venta al público, que se distribuye mediante la percepción de porcentajes variables sobre el total de la facturación generada por el conjunto de los consumidores y de los comerciantes y/o distribuidores independientes integrados en la red comercial, y proporcionalmente al volumen de negocio que cada componente haya creado.

2. Entre el fabricante o el mayorista y el consumidor final solo será admisible la existencia de un distribuidor.

3. Queda prohibido organizar la comercialización de productos y servicios cuando:

a) El beneficio económico de la organización y de los vendedores no se obtenga exclusivamente de la venta o servicio distribuido a los consumidores finales, sino de la incorporación de nuevos vendedores, o

b) No se garantice adecuadamente que los distribuidores cuenten con la oportuna contratación laboral o cumplan con los requisitos que vienen exigidos legalmente para el desarrollo de una actividad comercial.

c) Exista la obligación de realizar una compra mínima de los productos distribuidos por parte de los nuevos vendedores sin pacto de recompra en las mismas condiciones.

4. En ningún caso el fabricante o mayorista titular de la red podrá condicionar el acceso a la misma al abono de una cuota o canon de entrada que no sea equivalente a los productos y material promocional, informativo o formativo entregados a un precio similar al de otros homólogos existentes en el mercado y que no podrán superar la cantidad que se determine reglamentariamente.

Art. 23. Prohibición de ventas en pirámide

1. Se prohíbe la venta realizada por el procedimiento llamado «en cadena o piramidal» y cualquier otro análogo, consistente en ofrecer productos o servicios al público a un precio inferior a su valor de mercado o de forma gratuita, a condición de que se consiga la adhesión de otras personas.

2. Se prohíbe proponer la obtención de adhesiones o inscripciones con la esperanza de obtener un beneficio económico relacionado con la progresión geométrica del número de personas reclutadas o inscritas.

3. Las condiciones contractuales contrarias a lo previsto en este artículo serán nulas de pleno derecho.

Si no vives en España, te sugiero que investigues la legislación específica de tu país.

9. Hoy el Marketing Multinivel (MLM) se estudia en las universidades

En España el MLM se imparte en la Universidad de Deusto y en la Universidad Complutense de Madrid (UCM) con el libro *Marketing fundamental,* cuyos autores son profesores de esta universidad madrileña. La Asociación de Empresas de Venta Directa de España (AVD)[1] firmó hace años un acuerdo con la UCM para impartir un curso oficial: Curso de Gestión y Dirección de Negocios de Venta Directa, que se inició en octubre de 2013 y en el que participan varias empresas del sector.

En 2001 María Dolores García Sánchez, apoyada por el Dr. Mario Martínez Tercero y la Dra. Francisca Parra Guerrero, presentó su tesis doctoral en la UCM titulada *Marketing multinivel,* que versaba sobre el MLM, explicaba las características de este sistema de distribución y reconocía en él una forma legítima para emprender con bajo riesgo y posibilidades ilimitadas de desarrollo con esfuerzo y trabajo[2].

A continuación comparto otros estudios sobre MLM que se han efectuado en otras universidades fuera de España:

- Juan Gabriel Sánchez Chavarro. *El multinivel como estrategia en la creación de empresa en Colombia.* Universidad EAN.
- Jesús Istúriz. *Situación del multinivel en Venezuela.* Universidad Católica Andrés Bello.
- José Víctor Ugarte Vargas. *El Network Marketing, una nueva forma de distribución.* Universidad del Valle de México.

- En EE. UU. el profesor Charles King, doctor por la Universidad de Harvard y catedrático en la Universidad de Illinois, se dedica a impartir cursos sobre *Network Marketing*.

El MLM se enseña en la actualidad en más de doscientas universidades, incluida la Harvard Business School. Esta es la razón de por qué las nuevas generaciones tienen otra idea y otra visión de este negocio.

Aquí lo dejo, esto es lo legal y lo oficial; después están las opiniones de los que lo aman y de los que no. Podrás encontrar todo lo bueno y malo de esta industria en Internet, como de cualquier tema que busques. Desde luego, no pretendo convencerte de nada pero, si quieres mi opinión, consciente como soy de las luces y de las sombras de emprender en el marketing de red, he comprobado que se trata de una oportunidad única y extraordinaria, de un modelo de negocio para muchas personas que quieren dar el salto a iniciar el suyo por su cuenta sin capital ni experiencia.

Emprender en MLM durante los primeros años fue una auténtica odisea; por eso me identifico y lo relaciono con el viaje de Ulises y las tribulaciones, pruebas y aventuras que vivió con sus marineros —de nuevo te invito a que leas, si no lo has hecho ya, la *Odisea,* de Homero—. Las leyendas, los mitos y las adversidades que encontró en el camino, junto con las estrategias que puso en marcha para superarlos y conseguir llegar a su meta, son un referente para el emprendedor moderno.

Espero, querido lector o querida lectora, que después de todo lo mostrado hasta ahora ya estés por encima de las opiniones desinformadas, quizás de tu entorno. Actualmente la sociedad y la percepción están cambiando; el 35 % de los jóvenes quieren emprender, y muchos en nuestra industria porque las empresas de multinivel son grandes potencias multinacionales, con excelentes productos y servicios, presencia en los medios de comunicación, historia y hechos que mostrar. Es el momento de que saques tus propias conclusiones y seas capaz de decidir si estás preparado para emprender tu gran viaje.

«En cada problema hay una oportunidad».

ROBERT KIYOSAKI

3

INSPIRACIÓN Y CONOCIMIENTO

Todo lo que necesitas saber para iniciarte en el MLM

«Si tú no trabajas por tus sueños, alguien te contratará para que trabajes por los suyos».

STEVE JOBS

1. Viajera de nacimiento

Me encanta viajar; creo que nací con una mochila a la espalda. Siempre estoy dispuesta... incluso tengo una maleta preparada a medio hacer con lo más imprescindible.

Durante mi vida como emprendedora he realizado el viaje de Ulises, tanto física como metafóricamente hablando: he tenido mi propia guerra, he necesitado estrategias para superar situaciones, he ganado y perdido amigos, dinero y proyectos, he vencido a algunos enemigos y he estado en Troya —bueno, en Turquía, en Çanakkale, donde se encontraron sus ruinas—, e incluso en la isla de Djerba, al sur de Túnez, la tierra de los lotófagos, donde los que bebían de la flor del loto entraban en letargo... y doy fe, porque también he tenido en mi negocio épocas de sueño profundo. He navegado por el Ponto, enfrentándome a monstruos reales e imaginarios que tuve que vencer, he conquistado mi propio estrecho de Mesina, entre Sicilia y Calabria, donde vivían los cíclopes, y desarrollé la astucia para engañar a mis propios polifemos y así poder escapar de mis creencias limitantes; aprendí habilidades nuevas para vencer todas las dificultades del viaje antes de llegar a las columnas de Hércules, entre el peñón de Gibraltar y Ceuta, que en la Antigüedad marcaban al viajero la frontera de lo desconocido. A partir de ahí, este no podía continuar... pero yo lo hice.

Hasta hoy he visitado algo más de medio centenar de países, algunos varias veces, la mayoría uniendo ocio y negocio, aprovechando el tiempo en cada viaje, viviendo la historia, ampliando la cultura y leyendo —un gran aliciente para mí. Esos viajes también son oportunidades de conocer a gente; de eso se trata este negocio, de personas a las que ofrecerles lo que tienes: productos, servicios y oportunidades. He hecho clientes y distribuidores solo iniciando una conversación con mi compañero de viaje del asiento de al lado del avión o del tren.

Me siento como pez en el agua en los aviones, los barcos los dejo para algunos cruceros emocionantes que he tenido el privilegio de vivir y adoro el tren —tengo una conexión romántica con este medio de transporte—. En Europa y en otros países los trenes de alta velocidad te llevan muy rápido a tu destino sin perder el encanto. En Japón, viajando en el tren bala Shinkansen de Tokio a Kioto y Osaka, viví una anécdota muy especial que me gustaría contarte. Estaba tranquilamente leyendo en ese tren que tarda poco más de dos horas en llegar a Kioto desde la capital cuando, de repente, se acercó a mí un chico joven y amablemente me pregunto: «¿Es usted

Alicia García?». «Sí, ¿de qué me conoce», le pregunte con curiosidad. Me respondió: «La conocí en Buenos Aires. Estaba en el escenario impartiendo una formación y después me hice una foto con usted...». ¡¡¡Una anécdota increíble!!!

Cuando programan sus vacaciones, la mayoría de las personas lo hacen con sumo cuidado: primero el destino, luego la mejor ruta y el transporte, el alojamiento, los lugares de interés, las excursiones, las comidas, el presupuesto, etc. Seguro que tú haces lo mismo. Se dedica mucho tiempo a ello; incluso antes de terminar unas vacaciones ya sueñan con las siguientes.

Responde a la pregunta: ¿programas igual tu vida o tu negocio? ¿O más bien estás a la espera de ver qué va pasando? Si quieres hacer un buen viaje de empleado a emprendedor con garantías de final feliz, te sugiero que comiences con la mejor programación que puedas desde el primer momento, o aquí y ahora.

Jack Ma, el fundador de Alibaba y asesor de las Naciones Unidas —te recomiendo buscar su historia en YouTube—, en una conferencia para emprendedores habló de algunas ideas que quiero compartir:

Un emprendedor es alguien diferente, especial; alguien con mentalidad ganadora. Porque la gente común, la gente con mentalidad de pobreza, del «yo no puedo», suele reaccionar así:

- Dales algo gratis y pensarán que se trata de una trampa.
- Diles que es una pequeña inversión y te dirán que no ganan mucho.
- Ofréceles una inversión y dirán que no tienen dinero.
- Ofréceles un negocio tradicional y dirán que no tienen experiencia.
- Ofréceles un nuevo modelo de negocio y dirán que es una estafa.
- Diles que comiencen un nuevo negocio y dirán que lo normal es que sea un fracaso.

Solo hablan, oyen, leen y consultan a personas tan ignorantes y negativas como ellos. Si les preguntas: «Entonces, ¿qué quieres hacer?», no sabrán responderte[1].

2. Los hechos

La información y la desinformación abrumadoras que recibimos nos instan a verificar todos los datos. El negocio multinivel es una excelente oportunidad en el siglo XXI. Tenemos los hechos comprobables, como te explico en este libro, porque son datos objetivos y verificables de lo que está ocurriendo en el mundo.

- Es un modelo de negocio completamente legal.
- Está formado por un emprendedor que construye una red de colaboradores independientes que llevan un producto o servicio al mercado y crean su propio equipo.
- Es una megatendencia empresarial que está creciendo a pasos agigantados en el mundo.
- Los hechos rebaten todas las opiniones de la gente que siembra la duda por desconocimiento.
- Está aceptado por los jóvenes y no tan jóvenes como una excelente opción en la nueva economía. Es un negocio que funciona; los datos que te ofrezco a continuación así lo demuestran.

3. Algunos datos de la industria MLM

A continuación te ofrezco datos de 2020 y 2021 publicados por la Asociación de Empresas de Venta Directa de España (AVD), la Asociación de Venta Directa Europa (DSE-SELDIA), la Asociación de Venta Directa de EE. UU. (DSA) y la Federación Mundial de Asociaciones de Venta Directa (WFDSA).

En España la Venta Directa genera una oportunidad de emprendimiento y acceso al establecimiento de un negocio independiente a 251 000 profesionales, de los cuales alrededor del 83 % son mujeres y el 17 % hombres, y con una edad media de 44-45 años:

- Los jóvenes de hasta treinta años suponen el 20 % del total en el sector.
- El 62 % cuentan con estudios medios o superiores.
- Ocho personas de cada diez tienen una dedicación parcial, pero en el último año aumentó el número de aquellas que se dedican a tiempo completo. Ahora el 10 % de los distribuidores españoles lo hacen.
- Más de 9 millones de consumidores eligen productos de empresas de Venta Directa.

En Europa las personas que se dedican a la Venta Directa ascienden a 15.2 millones (siete millones en la UE). De estos, el 80 % son emprendedores que se dedican a esta actividad a tiempo parcial menos de 30 h semanales y el 78 % son mujeres. En su mayoría se trata de personas jóvenes, pues seis de cada diez tienen edades comprendidas entre los 16 y los 44 años. En resumen, más de tres millones de europeos se dedican a esta industria a tiempo completo. Son muchas personas, muchas familias.

En el mundo hay más de 10 000 empresas de Venta Directa y MLM. En España operan cerca de 50 empresas; las más grandes, asociadas a la AVD, rondan la treintena. De estas, las más importantes, según el número aproximado de distribuidores con los que contaban en 2021, son las siguientes: Amway, Avon y Herbalife.

En el mundo 125.4 millones de personas se dedican a este sector, con licencias de afiliación, como representantes de las diversas empresas. Las ventas directas globales, excluyendo las de China, ascendieron —a 31 de diciembre de 2020— a 179 300 millones de dólares, según la WFDSA.

Facturación global del MLM

ASIA (44 %), AMÉRICA (34 %), EUROPA (21 %)
Y ÁFRICA Y ORIENTE MEDIO (1 %)

ASIA: 68 429 768 $ | ÁFRICA: 6 452 475 $ | AMÉRICA: 30 906 804 $

- EE. UU.: 16 360 000 $. (El 75 % son mujeres y el 25 % hombres. El 22 % son hispanos).
- Centroamérica y Sudamérica: 13 391 804 $
  - Brasil: 3 860 000 $
  - México: 2 898 000 $
  - Colombia: 2 308 053 $
  - Argentina: 960 000 $
  - Perú: 781 321 $
  - Otros: 3 124 430 $

Fuente: WFDSA

Esto muestra el crecimiento masivo en la industria del MLM. Los nuevos distribuidores proceden de sectores profesionales diversos y desean tener la máxima información y formación. Espero que este libro les ayude en su camino.

La DSA publica el listado anual de las mejores cien empresas de MLM *(Global 100 List - Direct Selling News)*[2]. Este es el *ranking* de las mejores, pues esta asociación publica con regularidad datos estadísticos del sector. Hallarse entre las cien primeras en un récord; estar entre las 25, un privilegio, y ser una de las diez más importantes, un honor.

Todas son compañías seguras y confiables, con resultados demostrados, buenos productos y servicios y un correcto plan de compensación. Si ya estás en esta industria y en una empresa que se encuentra entre las primeras cien, felicidades, porque son las mejores. Si aún no lo estás, échale un vistazo a la lista, pues todas cumplen los requisitos de organizaciones exitosas, legales y éticas: elige una que te guste y que cumpla tus objetivos.

Según la DSA y el censo estadounidense, en ese país hay cerca de 1500 empresas de MLM. De todos los emprendedores independientes, el 89 % lo hacen a tiempo parcial y el 11 % a tiempo total; el 68 % son mujeres y el 23 %, empresas del sector del bienestar. Un estudio de 2015 calculó que en EE. UU. el 50 % de los hogares participaban de algún multinivel. La mayoría de las personas a tiempo parcial ganaban 500-1000 dólares al mes. El ingreso anual medio del trabajo desde casa a tiempo completo era de unos 60 000 dólares. Aproximadamente el 20 % de los lideres emprendedores de multinivel generaban en esa época 100 000-500 000 dólares al año. Teniendo en cuenta que dicho estudio se hizo en 2015, las cifras pueden ser superiores.

Estos son algunos de los datos que hacen tan atractiva la industria MLM, si bien son de EE. UU. Además cada persona obtendrá resultados según sus circunstancias, esfuerzo y dedicación.

Está demostrado que alguien comienza un negocio multinivel cada diez segundos en el mundo. Hoy por hoy se trata de una oportunidad en crecimiento, que se prevé explosiva por la crisis y la pandemia en los próximos años. Te reto a que revises estos datos cada año y a que los actualices; estoy segura de que su crecimiento exponencial te dará seguridad.

4. Las ventajas

La afiliación a una empresa MLM tiene bajo coste. Además, ofrece soluciones a los problemas de las personas, como poder generar más ingresos a tiempo parcial o total para uno mismo o para la familia gracias a un trabajo serio y honrado.

Por otra parte, es un negocio inclusivo: no importan la edad, el sexo, la religión, la formación, etc.; ni siquiera tener capacidades físicas diferentes. Además, se trata de un negocio que concilia con la familia, es flexible pues tú organizas tus horarios. Y es mentorizado: siempre tendrás un equipo o un líder que te enseñará cómo hacerlo.

La Venta Directa y el MLM conforman un sistema recomendado por empresarios y asesores económicos de algunos gobiernos, como Paul Zane Pilzer, Bill Gates, Warrent Buffett o Robert Kiyosaki. Constituye un modelo de negocio/distribución asequible para cualquier persona y está implantado desde hace más de ochenta años en países como EE. UU. o China y desde hace unos cincuenta en Europa.

Te propongo revisar un vídeo de YouTube protagonizado por el expresidente de EE. UU. Bill Clinton[3] en el que apoya la industria multinivel. Pese a tener más de veinte años, ofrece una idea de la importancia de este sector en EE. UU. y en el mundo.

Después de tener claro que la oportunidad de emprender en MLM es real y seria y antes de embarcarte en cualquier empresa, te sugiero que investigues. Por si aún tienes alguna duda, voy a explicarte lo que diferencia una empresa de MLM legal y una piramidal fraudulenta e ilegal... ¡¡¡Todas esas que prometen hacerte rico en veinticuatro horas y durmiendo!!!

5. Reconoce las empresas ilegales, piramidales

Para que puedas identificar si una empresa es piramidal o ilegal debes fijarte en los siguientes puntos clave:

- Su cuota es alta (inversión de dinero).
- No existen productos; alegarán que están en trámites (propuesta ilícita).

- Sus ingresos proceden de reclutar a personas que son inversionistas: la cuota que pagan los nuevos se reparte entre los asociados hacia abajo hasta que alcance el dinero.
- Prometen hacerte rico sin el menor esfuerzo.
- No declaran impuestos ni proporcionan factura; lo disfrazan como ingreso/donativo.
- Sus componentes tienen beneficios económicos por afiliar a nuevos miembros a su equipo; no solo por las ventas personales de productos o servicios a sus clientes y por *royalties* generados por su organización.

Según lo expuesto, una empresa MLM legal no es piramidal; por tanto, cuando alguien te responda con ese discurso, tienes argumentos para contestar porque sabes que es una afirmación falsa.

Ya tienes datos e informaciones que, sumados a los capítulos anteriores, te habrán ayudado a tener una idea propia. He quitado todas las telarañas de tu mente respecto al MLM; ahora te toca comenzar porque, si has llegado hasta aquí, no eres víctima de esas situaciones, sino que estás buscando un cambio importante en tu vida, una oportunidad, y tienes una mentalidad abierta y triunfadora.

6. Reconoce las empresas legales

Estos son algunos de los aspectos más importantes en los que hay que fijarse para reconocer una empresa legal:

- Llevan más de cinco años en el mercado mundial.
- Tienen productos y servicios de excelente calidad.
- Cumplen las normas administrativas y gubernamentales de cada país.
- Sus ingresos directos se generan por la venta de productos o servicios a sus clientes.
- Sus ingresos indirectos se generan por las comisiones y los *royalties* de su red o de su equipo de distribución.
- La cuota de entrada es baja y sus distribuidores reciben los materiales necesarios para comenzar.

- Su facturación debe ser pública y demostrada.
- Tienen políticas de devolución de los productos.

7. Un plan B muy apetecible para todas las edades

Ya no hay empleos ni sueldos seguros, las empresas cada vez ofrecen menos incentivos, los contratos son precarios y las compañías sustituyen a su gente por personas más jóvenes, mejor preparadas, pero con sueldos menores.

El MLM es una opción más para personas que necesitan oportunidades de un proyecto laboral y ganar dinero honrada y dignamente.

¿Estás dispuesto a comprometerte con tu nuevo negocio?

Al no necesitar inversión sino solo unos mínimos recursos, se unen personas interesadas, pero no comprometidas. No tienen nada que perder, por lo que la mayoría no se comprometen en su nuevo negocio como si hubiesen invertido miles de euros en un negocio tradicional, donde el esfuerzo en tiempo, ideas y preparación por sacarlo adelante resulta enorme por el peso de la inversión. Esta constituye una de las causas del fracaso en el primer año de muchos distribuidores de MLM.

Te puedo asegurar que los diferentes segmentos de la población están muy interesados en investigar cómo funciona esta industria y son excelentes prospectos, objetivos, para presentarles nuestra oportunidad. Tanto si tu prospecto procede del círculo de influencias o de publicidad, Internet, redes sociales u otros, es muy interesante saber a qué segmento de la población pertenece para enviarle el mensaje adecuado.

No puedes tener el mismo discurso, el mismo guion, el mismo proyecto para tu suegro, que está a punto de jubilarse y ve con preocupación la pensión mínima que le quedará, cuando está en los sesenta lleno de vida y con muchas ganas de viajar; para tu amiga de 42 años, madre, profesional en paro y con necesidad de trabajar y conciliar; para tu amigo que terminó la carrera pero que trabaja en algo que no está relacionado con lo que estudió y no le gusta, porque tiene que pagar su apartamento desde que dejó de vivir con sus padres y además su sueldo es pequeño y está desmotivado, o para la mujer de tu primo, excelente profesional con buen puesto de trabajo, buen sueldo, aunque estresada y agotada porque no tiene tiempo ni para ella ni para su familia, pero que tiene alma de emprendedora y sueña con tener su propio negocio, donde sea la dueña de su tiempo y de su vida.

Por esta razón, estudiar las características de las diferentes generaciones te ayudará en tu negocio, en concreto, a elaborar el discurso perfecto para interesar y convencer.

Según Jason Dorsey, presidente y cofundador del Centro para la Cinética Generacional[4], en Austin (EE. UU.), a quien conocí en Singapur en 2019 impartiendo una conferencia magistral, la actitud mental de cada generación es única. Allí nos habló de sus investigaciones sobre las distintas generaciones:

- Generación silenciosa (1928-1945). Muy tradicionales.
- Generación del *baby boom* (1946-1964). Nacidos después de la Segunda Guerra Mundial.
- Generación X (1965-1980). Gerentes, líderes, etc., dicen que es la generación que más lee.
- Generación Y (1981-1997). *Millennials,* la generación del milenio.
- Generación Z (1998-2010). *Centennials.*
- Generación alfa (nacidos después de 2010). Primera generación 100 % digital, constantemente conectada a Internet y con dispositivos móviles.

La generación del *baby boom*

Unos 77.3 millones de *baby boomers* están interesados en comenzar un proyecto o un negocio. Actualmente en el paro o sabiendo que les quedan pocos años para finalizar su etapa laboral, prejubilados de sus empresas, jubilados o a pocos años de estarlo, también les llaman *el tsunami plateado;* se cree que pueden crear un colapso en el sistema de pensiones a escala mundial.

El MLM puede ser para ellos un plan de continuación para su vida laboral, para contribuir a lo que les quede de jubilación; es una transición exitosa ante el paro o la jubilación que tiene mucho que ver con la psicología de sentirse todavía jóvenes y activos, con planes y objetivos, y después por el dinero.

Normalmente con la jubilación llega una merma económica en el nivel de vida entre el 35 y el 50 % dependiendo de los años cotizados. La mayoría se están dando cuenta de que les queda una pensión mínima, y la idea de no poder tener lo suficiente crea un futuro sombrío. Además, no olvidemos que el 90 % de la población mundial está excluida de programas de pensiones de jubilación. Solo América del norte, Europa occidental, Japón y Australia los ofrecen razonablemente buenos; otros países también los tienen, aunque muy precarios. No obstante, en todos existe una gran preocupación acerca de su viabilidad en el futuro. Esto convierte a los *boomers* en objetivos o prospectos muy interesantes.

El éxito del multinivel consiste en que ayuda a las personas a satisfacer algunas de las necesidades como seres humanos, no solo en el área económico-financiera, sino en otras que mejoran la vida, como sentirse importante, ser capaz de construir un negocio, ser reconocido, ayudar a otras personas, sentir conexión con algo grande, aprender nuevas habilidades, viajar, crecer personalmente y alcanzar altos niveles de realización. Están preparados, son profesionales, se muestran llenos de energía, quieren mantener sus neuronas activas y tienen tiempo y ganas de aprender.

La generación X

Se trata de gente que ha visto que se han reducido sus oportunidades laborales, con salarios estáticos que no les llegan a fin de mes, trabajando a veces en un empleo que no les satisface, con importantes problemas con sus jefes y colegas, que están desencantados con su carrera o su puesto de trabajo, desgastados por años, horarios y la rutina empresarial; algunos son buscadores, quieren cambiar y prosperar, van detrás de oportunidades generalmente a tiempo parcial. También son interesantes prospectos.

La generación Y

Con enorme tasa de paro juvenil, jóvenes preparados y formados, muchos han ido a la universidad, tienen idiomas, son inteligentes, pero no encuentran empleo, están frustrados, a veces se ven obligados a trabajar como camareros o taxistas —con todos los respetos a estas profesiones—, que no es para lo que dedicaron años de estudios; muchos valoran marcharse al extranjero.

Los *millennials* constituyen la generación digital por excelencia, pegados a la pantalla de su ordenador o *smartphone,* con miles de selfis y algunos todavía viviendo con sus padres.

Sin embargo, han encontrado en este modelo de negocio una forma de labrarse un futuro: les encanta el MLM y las estrategias digitales contribuyen a ello. Según algunos datos, el 59 % de los jóvenes afirman que quieren trabajar por sí mismos, por lo que unirse a una empresa de multinivel para obtener ingresos cada vez resulta más atractivo.

La generación Z

Nacidos en pleno auge digital, su vida ha crecido en torno a la tecnología, todo lo hacen *online,* desde los estudios hasta el ocio. Algunos aún no se han incorporado al mercado laboral, muchos ni han terminado sus estudios, pero hablan de tener su propia empresa y de que sus *hobbies* puedan derivar en sus trabajos. La tecnología móvil, las redes sociales y el uso de Internet para casi todo son las grandes herramientas para los adolescentes y los ya no tan adolescentes del siglo XXI. Son creativos, buscan cosas flexibles, visibilidad y, por supuesto, ganar dinero.

Y los que vienen: la generación alfa

Se terminó el alfabeto latino y se comenzó con el griego: se trata de niños 100 % digitales cuyos padres son el ejemplo, siempre conectados a sus móviles e Internet para ocio, trabajo y negocio. Criados en familias con roles diferentes, tendrán el dominio del mundo digital.

Resumiendo, según Dorsey, el gurú de las generaciones, se recomienda trabajar con los experimentados *boomers,* los escépticos X, los tardones *millennials* —que lo hacen todo, pero un poco más tarde, aportando mucho valor— y con lo último de lo último: los Z, que impulsan tendencias, influyen en las redes sociales y son expertos en tecnología digital. Y ahora nos estamos preparando para la generación alfa. Para cada generación hay un discurso, una propuesta, un proyecto y un método. Si lo haces así, harás crecer tu negocio con personas de todas las generaciones.

¿Y tú de qué generación eres?

Es apasionante poder conectar con personas tan dispares; el MLM es un camino a la conexión, a la comunicación entre generaciones, personas y países; una invitación a la prosperidad y la independencia financiera. Logra fortunas para muchas personas cada año en el mundo, pero no olvidemos que esa es la foto histórica de mucho trabajo, fracasos, retos y desafíos y algunos éxitos logrados con autodeterminación, autoconfianza y automotivación.

El MLM puede hacer realidad muchos sueños personales. Es para gente normal y corriente que quiere trabajar para sí misma pero que no tiene el dinero, la formación y el apoyo para montar esa tienda, ese pequeño negocio con el que sueña; es un íntimo deseo de libertad. Pero las estadísticas nos dicen que en el mundo el 80 % de los nuevos negocios —me refiero a pequeñas empresas, tiendas, restaurantes, etc.— cierran antes del quinto año y, de los que quedan, el 80 % lo harán antes del décimo, con frustración y muchas veces con deudas. Esto supone un 5 % de tasa de éxito frente al 85 % de los negocios MLM.

Muy importante: si te dedicas a este negocio como un *hobby,* no ganarás dinero como un negocio.

Confío en que al terminar este libro sientas la suficiente curiosidad y confianza para intentarlo. Y, si ya estás dentro, espero reforzar tus convicciones y renovar tu entusiasmo por alcanzar tus metas.

Te invito a hacer de tu proyecto MLM un negocio con alma y a disfrutar del camino.

PARTE II

LOS FUNDAMENTOS QUE NO CAMBIAN

4

EL HÉROE

Ocho principios que me enseñó Mark Hughes

«No es importante dónde te encuentras ahora; lo importante es dónde quieres estar en el futuro».

MARK HUGHES

1. El líder que creó un imperio

Escuché unos suaves toques en la puerta de mi habitación del hotel Fairmont Century Plaza, un cinco estrellas maravilloso en Los Ángeles, California, en el 2025 Avenue of the Stars, como no podía ser de otra manera. La estancia estaba elegantemente decorada y tenía la cama más cómoda de los hoteles en los que había dormido, con un colchón superacolchado y sábanas de algodón egipcio, un auténtico lujo. Abrí la puerta y una amable camarera con guantes blancos me entregó una bandeja con fondo de espejo repleta de fresas con cobertura de chocolate y una tarjeta que decía:

«Bienvenidas, Alicia García y España, a la familia Herbalife.
Mark Hughes».

Todavía recuerdo las lágrimas de emoción. Desde que lo conocí, comprobé que Mark tenía el don de tocarte el corazón.

Era mi primer viaje a Los Ángeles para conocer la empresa, en noviembre de 1989. Los días que siguieron estuvieron repletos de formación, reconocimientos y regalos, incluida una cena espectacular en la casa de Larry Thompson, que en aquella época era gran amigo y socio de Mark, orador y formador fuera de serie, así como Jim Rohn, que ha sido siempre el mentor de todos. Supuso la materialización de un sueño, y empecé a conocer a un ser excepcional: Mark Hughes.

La primera vez que lo vi fue dos meses antes en Madrid. Venía caminando hacia mí, alto, atractivo y carismático, con una sonrisa encantadora y una mirada directa a los ojos. «Bienvenida a la familia —me dijo—, estoy aquí para ayudarte...», y me dio un cálido abrazo. Así conocí a Mark en su primera reunión en España. Estábamos inaugurando el negocio y Herbalife Nutrition acababa de aterrizar en el país. Él estaba entusiasmado y yo también; por fin comenzó oficialmente el viaje.

Sobre Mark Hughes, fundador en 1980 de Herbalife Nutrition, se ha escrito mucho. Fue un hombre apasionado, poderoso, con una voluntad tan enorme que superó dificultades personales y profesionales hasta que se embarcó en su proyecto vital como dueño de su propio negocio, y fue uno de los pioneros mundiales del MLM.

Algunos tenemos nuestra historia personal y única con él. Te contaré algunas de mis vivencias, historias reales vividas al lado de un gran líder, un visionario, un soñador que transmitía su visión del éxito de una manera totalmente contagiosa; una persona que construyó un imperio, un legado que aún perdura después de su muerte en el año 2000.

Durante once años tuve el privilegio de tenerlo como mi guía, maestro y mentor en la industria del MLM y la oportunidad de aprender directamente de él todo sobre el modelo de negocio en numerosas reuniones tanto personales y privadas como grupales.

Viaje con él en muchas ocasiones, llevándome de la mano, como él decía, para contar mi historia de cómo conseguí que Herbalife viniese a España. Le acompañé en la apertura de varios países: Francia, Italia, Alemania, Portugal, Argentina, Brasil, Chile y Perú. El proyecto en su cabeza era gigante; cuando hablaba tenía la capacidad de hacerte ver, oír y sentir su visión de futuro, el crecimiento y la prosperidad.

De Niza a Roma, un avión solo para nosotros. Estábamos de gira por Europa y un pequeño grupo formado por Mark Hughes, Jim Rhon, el Dr. David Katzin, los abogados, los guardaespaldas, algunos miembros del *staff* y unos pocos colegas presidentes nos subimos a él. Durante todo el trayecto, de poco más de una hora, no paramos de reír; el tema fue contar un chiste y traducirlo a varios idiomas. Momentos sencillos, entre amigos; todos éramos jóvenes. Contagiados por la arrolladora energía de Mark, nos habíamos subido a su tren, compartiendo su visión, su misión y sus valores.

Mark me enseñó con su ejemplo cómo un líder se gana la admiración y el respeto. Fueron muchos los momentos especiales, con experiencias y anécdotas únicas e irrepetibles, donde conocí al líder y al ser humano que era. En este capítulo te comparto algunas, así como ocho principios fundamentales que aprendí de él.

2. Los 8 principios fundamentales de Mark Hughes

Principio 1. Lidera tu negocio

«¿En qué te puedo ayudar?», me pregunto Mark al otro lado del teléfono. Le habían informado de que mi casa en Madrid se había quemado mientras yo estaba trabajando en Brasil, creando nuevos equipos. Así fue: en 1996, un sábado por la noche, mi casa ardió y se destruyó todo lo que había en ella. Mi familia resultó ilesa, pero desgraciadamente perdí muchas pertenencias que jamás podré recuperar: fotos, documentos, libros y recuerdos de la historia de mi vida y de los primeros años de mi negocio. Tenía documentada mi vida y mi actividad como emprendedora y todo eso lo perdí. Fue un momento emocional muy difícil durante el cual aprendí a gestionar la pérdida.

Y en aquella llamada, Mark se comportó conmigo como el mejor amigo, se interesó por el suceso y por la situación de mi familia, me ofreció su ayuda, me demostró que yo le interesaba como persona, no solo como una distribuidora más, me enseñó con su ejemplo que el equipo, tu organización de distribuidores, son personas, tu mejor activo de negocio, y que merecen tu atención personal en todo momento pero, en algunos determinados, más. Él me enseñó que los distribuidores deben terminar siendo independientes y tratar de no mezclar los negocios con la vida personal, pero con el paso del tiempo se acabará creando una relación cercana con algunos y hay que ser muy inteligente para saber mantener esa relación en equilibrio, sin dejar de demostrarles con sinceridad que te interesan.

Ser líder es la capacidad de crear, desarrollar y dirigir un proyecto en todas sus etapas, estratégicas y tácticas, de la A a la Z. El liderazgo consiste en dejar tu impronta personal en tu entorno, en tu negocio, en las personas, en tu proyecto para toda una vida; si se quiere estar a la altura, hay que formarse, cultivarse y ser exigente con uno mismo. Ser líder es crecer de manera consciente; un líder puede nacer, pero generalmente el líder se hace.

Hay líderes bajo ambos conceptos: unos nacen con un talento natural que ponen al servicio de guiar e inspirar y otros se hacen con trabajo y tesón, pero ambos necesitan la aceptación del público; solo el reconocimiento de la labor realizada eleva a alguien a la posición de líder, y Mark lo fue.

Principio 2. Crece todo lo que puedas

Los Ángeles, la ciudad de los sueños y las estrellas. Sentada en una mesa de primera fila, escuchaba atentamente. Era la ceremonia de entrega de los premios anuales, los Oscars de la empresa, donde se reconocía a los mejores del año. Mark, en el escenario, estaba anunciando los bonos anuales, los *top* 10. Me habían pasado una nota comunicándome que estaba en la lista, pero no tenía ni idea de en qué lugar. El reconocimiento fue emocionante, todos los premiados fueron apareciendo uno a uno lentamente hasta quedar los tres primeros. Anunciaron el tercero; ya solo quedaban dos. Recuerdo cómo sentía el latido de mi corazón en las sienes. Después le llegó el turno al segundo, y cuando Mark anunció mi nombre como número uno del mundo, supe que había logrado una gran meta. Mi adrenalina subió al máximo, las piernas me temblaban, me sentí brutal, poderosa, y caminé hacia el escenario, acompañada de Antonio, mi marido, agradeciendo los aplausos. Mark Hughes nos recibió en el escenario con un abrazo entusiasta y en la mano un gran cheque.

Ser número uno del mundo en la compañía es una experiencia que no se puede explicar con palabras ni olvidar, un momento único: el tributo, el reconocimiento, los aplausos y parte de mi equipo, que viajó desde España arropándome, generaron una energía imparable. En los 42 años de historia de la empresa, apenas una docena de personas han sido reconocidas como números 1 del mundo, y yo soy una de ellas.

Al finalizar el día, tras un evento inolvidable, tuvimos la gran celebración de la alfombra roja. Durante un año Mark lo anunció como una recepción digna de la reina de Inglaterra y Larry la promocionó diciendo: «Los ganadores caminarán por un alfombra roja recibiendo los aplausos y los fogonazos de las fotos de los que están fuera. ¿En qué lado de la alfombra quieres estar, en el de los que aplauden o en el de los que la recorren? Tú decides». Imposible olvidar la manera tan divertida en que llegamos con Mark a la fiesta; me llevó de la mano acompañada de mi familia, cruzando por las cocinas entre cazuelas y sorprendidos cocineros para llegar al salón de la cena. Él saludaba a todo el mundo con la mano y entramos en la sala caminando por una gigantesca alfombra roja. Han pasado años, pero todavía recuerdo la emoción de aquella noche: la cena, el baile, los amigos... ¡¡¡Una fiesta inolvidable!!!

Mi querido amigo Alan Lorenz —enorme líder en Herbalife que, por desgracia, ya no está entre nosotros— me dijo en una ocasión que, cuando una vez en tu vida eres número, uno siempre lo serás; en el tenis, en las carreras de coches, en las Olimpiadas, etc., si quedas una vez en primer lugar, harás historia, tu nombre brillará en la lista de ganadores para siempre. Él en Herbalife fue número uno dos veces y ahora brilla en las estrellas.

No te compares con nadie; tu objetivo debe ser personal y tu próxima meta, adaptada a tus circunstancias y expectativas. La comparación crea frustración y no puedes permitir que los éxitos de otros destruyan tu autoestima. Hay que aprender a gestionar los éxitos y las desilusiones; eso diferencia a un principiante de un profesional, pues este no permite que el dolor le dure mucho tiempo. Ten tu propio plan y síguelo con persistencia y compromiso. Dicen que para alcanzar el éxito hay que pagar el precio, pero no cualquier precio. Eso también lo aprendí de Mark.

Alimenta la confianza de que puedes transcender tus propios límites, ten siempre en tu vida un plan, un desafío, un reto, pero asegúrate de que tu proyecto te toque el alma porque, si lo hace, no será un esfuerzo ni un trabajo titánico, sino el resultado de hacer lo que amas. Entonces harás todo lo que sea necesario para lograrlo.

Principio 3. Reconoce sus logros a todos

El barco se movía lentamente mientras abandonaba el muelle del puerto de Miami, Florida. Las luces estaban encendidas, la sirena sonaba sin parar a toda potencia. Estábamos en cubierta, todos recibimos una copa de champán en cuyo cristal aparecía grabado: *Cruise with Hughes. March 1994.* Mark estaba en el puente con su gorra de capitán, levantó su copa y brindó con todos nosotros por nuestros logros, por los suyos... Todos éramos parte de su sueño y él del nuestro. Yo estaba abrazada a mi hija, que me acompañaba emocionada; las lágrimas corrían por mis mejillas. Era otro momento inolvidable de agradecimiento a la vida: el primer gran crucero de reconocimiento a los mejores del mundo, una semana donde disfrutamos, aprendimos y soñamos.

Con frecuencia Mark agradecía y reconocía mi trabajo en privado o públicamente por la apertura de España y por ayudarle en otros países. Como decía Jim Rohn: «Lo que es fácil de hacer también es fácil de no hacer». Pero Mark siempre lo hizo.

El reconocimiento por el trabajo bien hecho y los logros alcanzados es básico para impulsar a los distribuidores. Desde el más pequeñito hasta el más grande todos deben ser reconocidos; cada reto superado se ha de reconocer en privado y en público, haciendo ver al protagonista que está en el camino y un paso más cerca de su meta. Y a nivel personal, comienza por reconocerte a ti mismo.

Principio 4. Haz tu negocio fácil, mágico y divertido

Desarrolla un negocio con principios sencillos y duplicables, basado en este triángulo de éxito:

- **Fácil.** Para que cualquier persona vea que es posible para ella.

En la apertura de Portugal, cenando en el hotel Lapa, Mark me retó a invitar al evento del día siguiente a una pareja que estaba cenando en la mesa de al lado. Me levanté y lo hice. Sentía la mirada divertida de Mark observando la escena y les invité, pero continuaban su viaje al día siguiente, por lo que no podían asistir. No obstante, conseguí su contacto, lo que me permitió llamarlos más adelante. No les interesó el negocio, pero sí los productos —recuerda que entonces no existía Internet y cada contacto era un tesoro...—.

Debes mantener un negocio fácil para todo tipo de personas, enseñarles que es sencillo comenzar, compartir guiones duplicables e historias y resultados para que vean que, si otras personas con perfiles diferentes o incluso parecidos a los suyos lo están logrando, ellas también podrán, y que tendrán días buenos y días increíbles.

- **Mágico.** La magia es lo que la razón no entiende.

He viajado mucho a la ciudad de las estrellas y en Los Ángeles siempre me sucedieron cosas mágicas. Una vez le pregunté a Mark dónde podía comprarle un regalo a mi marido, pues quería unas botas de auténtico *cowboy*. A la mañana siguiente me vino a recoger al hotel una limusina y, al abrir el chófer la puerta, ¡¡¡menuda sorpresa!!!, Mark estaba dentro. Me llevó a una tienda especializada en ese tipo de botas, me dejó en la puerta y me indicó que el chófer regresaría en una hora para recogerme y que estaría a mi disposición todo el día para llevarme donde quisiese. Compré las botas y, al ir a pagar, ¡oh, sorpresa!, ya estaban pagadas. Mark sabía cómo sorprender.

La magia solo existe si tú crees en ella; está cimentada por la fuerza de la fe. Creer que algo es posible es el motor principal que cambiará tu vida. T*ú* eres especial... No hay un ingrediente secreto; solamente alcanzarás tus sueños si de verdad crees en ellos, porque el secreto de tu éxito... eres tú.

- **Divertido.** Divertirse es necesario en la vida y en el negocio.

A Mark le encantaba la comida española y en uno de sus viajes a Madrid organicé una cena en el famoso restaurante Sobrino de Botín, en el Madrid de los Austrias. Este se halla en un edificio del siglo XVI, con pequeñas salas, decorado con muebles y antigüedades de la época —figura en el *Guinness de los Récords* como el restaurante más antiguo del mundo y está catalogado con el número tres en «Los imprescindibles de la revista *Forbes*»—. Especializado en asados, su horno nunca se ha apagado, salvo en la Guerra Civil y durante la pandemia de coronavirus en 2020. Si viajas a Madrid, reserva una mesa y conócelo; es altamente recomendable.

Reservé una mesa para seis en la Cueva, en el sótano, sin lugar a duda el comedor con más encanto. Estábamos Mark; el Dr. Katzin, director médico de la compañía; Michael Diamont, el abogado de Mark; Antonio Terán, director de Herbalife Nutrition España; Kathy Mirabal, vicepresidenta sénior de Ventas, y yo. La comida fue deliciosa, regada con un excelente rioja gran reserva. En mitad de la cena llegó una tuna, una agrupación de estudiantes universitarios vestidos con ropa antigua de la universidad o de su cultura de origen que cantan y tocan para recaudar dinero para sus estudios, y nos preguntaron si queríamos alguna canción. Ante la sorpresa de toda la mesa, iniciaron una conversación en inglés con Mark, quien les pidió tocar *Spanish Eyes.* Sonaron los primeros acordes y entonces, muy a la americana, algo que no es usual en los restaurantes españoles, me sacó a bailar entre las mesas ante los ojos atónitos de comensales y camareros. Yo no daba crédito a lo que sucedía ni tenía idea de cómo Mark conocía esa canción, pero bailamos y fue muy especial y divertido. Al sentarnos, comentó: «Divertirse sanamente forma parte de la vida; es una canción fantástica que me gusta mucho». Continuamos con la cena seguida de una sobremesa larga y memorable, en la que Mark nos habló de sus comienzos, de cómo mantuvo la actitud en momentos difíciles y de cómo dio las gracias en momentos de gloria. Escuchándole todo parecía sencillo: «Ocupa el 5 % de tu tiempo en el problema y el 95 % en las soluciones», decía. «No *problem*» era su frase favorita ante las dificultades. Lo cierto es que te hacía reflexionar; cuando le escuchabas todo te parecía posible.

Practicar el buen humor, el optimismo, la risa y la sana diversión es la sal de la vida. Mantener una actitud entusiasta, con espíritu joven, se tenga la edad que se tenga, resulta necesario. Pero, además, ser dueño o dueña de tu negocio también es divertido, porque hay proyectos, acción, motivación, celebraciones, viajes, fiestas y reconocimientos; ayuda a mantener altos niveles de autoestima, energía, placer y recompensa, y crea sentimiento de pertenencia, agradecimiento y plenitud, que son generados por la dopamina, la serotonina y las endorfinas, las hormonas de la felicidad.

Principio 5. Sueña en grande

Ten la valentía de soñar, sin restricciones ni cortapisas. Sueña que todo se puede conseguir. *A un sueño le pones fecha y se convierte en una meta, una meta dividida en pasos crea un plan. Y un plan apoyado en acciones es una realidad.* Vive con la creencia de que todo es posible si los sueños, las acciones, la determinación y la oportunidad se encuentran en un determinado momento y lugar. Ten sueños grandes y pequeñitos, visiones de futuro que a veces se cumplen y otras todavía no, pero no dejes de poner tu intención en lo que sueñas, porque donde pones tu intención pones tu energía, y eso sucederá.

Un sueño hecho realidad para mí fue navegar por el Cucumber Group. La brisa nos acariciaba la cara y el barco se mecía al ritmo de las olas; estábamos en la Gran Barrera de Coral australiana, el arrecife más grande del planeta, conocida como una de las siete maravillas del mundo. Habíamos volado de Sídney a Hamilton; luego, una lancha nos llevó hasta Hayman Island, en el archipiélago de las Whitsunday, a uno de los resorts más exclusivos del mundo. Veinticuatro horas después, un selecto grupo de amigos, junto a Mark, estábamos en un lujoso catamarán, compartiendo la belleza impresionante de un mar de color turquesa, donde buceamos al principio con ciertas reservas. Pero con la ayuda de un traje de neopreno y un monitor experto, tuve la oportunidad de ver rayas, tortugas, estrellas de mar y peces de todos los tamaños y colores. Ese arrecife es un tesoro natural, un gran jardín de corales con más de ochenta clases diferentes.

El mar estaba en calma, navegábamos en silencio, hablábamos en voz baja, como no queriendo romper la magia del momento. Vimos saltar a grupos de delfines y una puesta de sol completamente única, ya que el sol es diferente en Australia, más brillante y caliente. Bajó lentamente ocultándose en el mar y emitiendo colores fluorescentes y reflejos morados en el agua. No he vuelto a ver nada igual en ningún lugar.

Pasamos una maravillosa semana en el paraíso, en una de las *suites* del *resort,* acariciamos adorables koalas, nos bañamos en playas vírgenes imposibles y probamos exóticas especialidades culinarias, como canguro, emú, avestruz o cocodrilo, y la comida típica, que es deliciosa, muy *gourmet* y *healthy.*

Un viaje para el recuerdo... Las fotos maravillosas que tengo son testimonio de un mágico sueño que se convirtió en realidad.

¿Cuál es tu sueño...?

Principio 6. Ofrece la oportunidad

Ofrece esta oportunidad de negocio a tantas personas en el mundo como te sea posible, sin importar su nivel sociocultural, económico, raza, color, religión, sexo o afiliación política.

Llegué al hotel Sheraton a las cinco de la mañana. Buenos Aires era una ciudad que anhelaba conocer, así que dejé las maletas en la habitación y salí a pasear. Amanecía y me encontré con una marea humana procedente de la estación de tren que había frente al hotel. Mientras la gente se cruzaba conmigo, yo pensaba: «¿A cuánta podremos ofrecer la oportunidad de emprender en este país?». Caminé despacio durante dos horas, sin rumbo; la ciudad despertaba al nuevo día, olía a café y a medias lunas de mantequilla. La Torre de los Ingleses, la calle Florida, la plaza de San Martín... Saboreaba el momento con una profunda sensación de agradecimiento a la vida. ¡Qué ciudad tan bella, tan cosmopolita!

Argentina fue mi primer objetivo en Latinoamérica. Para duplicar la apertura del negocio con el mismo plan que había hecho en España, tenía el respaldo de Mark y de la compañía, así como a buenos amigos argentinos dispuestos a comenzar un negocio MLM conmigo. Durante más de un año viajé con frecuencia y recorrí Córdoba, Mendoza, Tucumán, Rosario, Mar del Plata, etc., haciendo reuniones casi diariamente y ofreciendo una nueva oportunidad. Los contactos se hacían persona a persona con el círculo de influencias —recuerda que no existían las redes sociales ni Internet—; fueron casi dos años de preapertura; la dedicación e inversión en tiempo, viajes, infraestructura y dinero fue enorme, y en aquella época no todos estaban dispuestos a pagar el precio de la expansión internacional.

Después continué con Brasil, Chile y Perú. Los pioneros pusimos las piedras para los que vinieron después y para los emprendedores del futuro.

Asegúrate de que tu negocio se sigue expandiendo. Debes saber que, cuando duplicas tu equipo y consolidas una organización de emprendedores con líderes independientes y exitosos, se convierte en un negocio que funciona, aunque tú no estés.

Principio 7. Comprométete al 100 %

Es necesario que tu compromiso *esté* a la altura de tus objetivos y metas personales tanto como a la de los de tu equipo. Resulta imprescindible desarrollar un fuerte enlace emocional con dichos objetivos. Tiene que ser algo tan importante, un motivo tan fuerte, que te impulse y apalanque exponencialmente durante todo el proceso; que te haga sentir cada mañana que estás más cerca de cumplir tus sueños y que vale la pena ir a por ello.

Sé responsable ante la comunidad y comprométete a ser un buen ciudadano, un buen padre/una buena madre, un buen distribuidor y un buen líder. Son los cimientos de un negocio sano. Ayuda a tu equipo siempre que lo necesite, incluso cuando no sabe que te necesita. Tener un compromiso contigo y con los demás implica que inspires a tu equipo a desarrollarse con las habilidades y los roles necesarios para alcanzar sus metas.

El teléfono sonaba insistentemente. Abrí los ojos y miré el reloj: eran las cinco de la madrugada. Me incorporé de un salto y escuché una voz inconfundible: «Disculpa la hora —dijo Mark—, pero es urgente. Tenemos un problema en Argentina y necesito tu ayuda. Mañana tienes que viajar a Buenos Aires. Te acompañará Kathy Mirabal [vicepresidenta sénior de Ventas], pero ella no puede figurar en nada. Como sabes, la compañía aún no existe oficialmente en Argentina; estamos haciendo los trámites gubernamentales necesarios para la próxima apertura. Todo lo que te voy a pedir que hagas será a nivel personal. ¿Qué límite tiene tu tarjeta de crédito?».

En menos de veinticuatro horas viajamos a Buenos Aires. Mi trabajo fue localizar a todas las personas de las que teníamos referencia que estaban interesadas en afiliarse a la empresa y organizar una reunión; yo corría con todos los gastos. Recuerdo que fue un trabajo agotador y una enorme responsabilidad. Conseguí organizar un gran encuentro, les expliqué a los asistentes que me enviaba Mark Hughes, informé sobre la situación con las directrices que me dio, acompañamos a los abogados de Mark en algunas diligencias, se consiguió adelantar las fechas de la apertura y recondujimos la situación en los días que estuvimos allí. El 18 de julio de 1994 la empresa abrió sus puertas oficialmente. Fue una fecha que nadie de los que nos encontrábamos en Buenos Aires olvidaremos porque, cuando sobre las diez de la mañana yo estaba en un coche saliendo del hotel rumbo a la inauguración de las oficinas de Herbalife en Don Torcuato, un estruendo estremeció la ciudad: explotó una bomba en el centro de Buenos Aires por un atentado terrorista.

La música de tango endulzaba la noche; las parejas bailaban en el escenario en aquel típico restaurante de La Boca. Un grupo de amigos celebrábamos el crecimiento del negocio en Argentina. Después de más de un año esperando la apertura de la compañía y varios meses ya oficialmente en marcha, el negocio marchaba de maravilla y teníamos por delante unos días de promoción y un fin de semana espectacular con un evento de alto nivel. Todo evolucionaba según lo previsto.

Pero llegó el lunes y comenzó la pesadilla. Apareció un programa en la televisión argentina que dirigía un doctor y durante una semana atacó la industria MLM, nuestra compañía y a los distribuidores; atacaba el hecho de que nuestros productos los vendían personas normales y no se vendían en tiendas. Además, me habían grabado con una cámara oculta en una presentación de la empresa que había hecho unos días antes en el hotel Presidente con más de quinientas personas y ponían la grabación de fondo mientras vertían sus comentarios negativos.

Como es lógico, una programación tan bien orquestada y dirigida por un *lobby* al que no le interesaba nuestra competencia creó una gran convulsión. Solo llevábamos unos pocos meses con el negocio abierto en el país y muchos de los distribuidores abandonaron, sobre todo los que estaban iniciando sus negocios. En poco más de tres meses perdí mi negocio argentino, que estaba facturando una enorme cantidad de *royalties;* habían sido dos años de proyecto, con mucho trabajo, viajes, esfuerzo y dedicación, y estaban implicadas muchas personas y algunos buenos amigos que también sufrieron la debacle.

Ha sido la única vez en toda mi carrera que me planteé dejar el negocio. Me repetía constantemente una de las frases míticas de Mark: «Es fácil tener buena actitud cuando todo va bien; la verdadera prueba es mantener una actitud de oro cuando todo va mal». Me costó mucho recuperarme, no fue nada fácil. La compañía solucionó la situación y el negocio en Argentina se recuperó completamente, pero fue un desafío enorme que unos superamos y otros no. Más allá del dinero, perdimos muchas cosas: sueños, proyectos, ilusiones y el trabajo de muchas personas. Fue una piedra en el camino, ¡¡¡pero me volví a levantar!!!

Esta historia es un ejemplo de compromiso mutuo; para mí fue un honor que Mark contara conmigo para ayudarle en la apertura de varios países y en algunas circunstancias delicadas, y mi trabajo fue aprender a solucionar y superar situaciones difíciles sabiendo que el éxito atrae enemigos y críticas destructivas.

Principio 8. Tu éxito solo estará limitado por tu propia imaginación; trabajo duro y orgullo por lo que haces

París. El barco avanzaba lentamente por el Sena. Veíamos pasar toda la ciudad iluminada —la torre Eiffel, la catedral de Notre Dame, el Orsay, el Louvre, los maravillosos puentes...— mientras degustábamos una deliciosa cena, y todo ello cubierto por un manto de estrellas sobre nuestras cabezas que contribuyó a una noche inolvidable. Además, sentado en nuestra mesa estaba Mark, ante un grupo de españoles, algunos de los que estuvieron a mi lado y fueron parte de la apertura de España, como Marisol Aceituno, Elsa Luzón y Raimundo Camino, Carmen Fernández, Pilar Ansola —todos presidentes—; Alina y Víctor, mis patrocinadores, mi marido Antonio y yo. Mark nos habló de manera diferente, intimista, como recordando: «Venimos de años muy difíciles para la empresa —dijo—. Nos cayó una bomba cuando tuve que ir a defendernos al Senado de los EE. UU. y, aunque ganamos, en pocos meses se redujeron los distribuidores a la tercera parte y nos costó varios años recuperar la empresa. La apertura de España como puerta al resto de la Europa continental ha sido una inyección de energía y entusiasmo. Siempre os estaremos agradecidos».

«Trabajo, imaginación y orgullo como bases para alcanzar el éxito son fundamentos imprescindibles». Esta es una frase que escuché a Mark muchas veces y que me acompaña como un mantra en mi viaje como emprendedora, descubriendo esta maravillosa industria del MLM. Él siempre demostró orgullo por su empresa y por los resultados de cada distribuidor.

3. Una boda y un funeral

En Navidad me llegó un regalo muy especial. Era una caja rectangular que contenía varios sobres de elegante color crema: Mark me invitaba a su boda, que se celebraría el 14 de febrero de 1999 en Los Ángeles. Después de una gran alegría, mi primer pensamiento fue: «¿Qué voy a ponerme?», y después organicé el viaje. Me decidí por un sencillo vestido largo de gasa color burdeos de Adolfo Domínguez y una heredada mantilla española color marfil.

La limusina paró delante de la emblemática Iglesia Presbiteriana de Beverly Hill, en Rodeo Drive. La calle estaba alfombrada de color rojo y un amable y querido amigo, el Dr. Katzin, me acompañó a mi lugar dentro del santuario, elegante, inspirador y decorado con cientos de docenas de rosas rojas. Una orquesta tocando melodías de Bach, Händel, Albinoni y Boccherini y una maravillosa soprano fueron el preludio de la ceremonia. Me embargaba un sentimiento de emoción y agradecimiento por poder participar de una celebración tan exclusiva y especial. En esa iglesia solo caben medio millar de personas y yo era una de ellas. Me sentí privilegiada porque, además de la familia y los amigos de los novios, solo unos pocos presidentes de Herbalife fuimos invitados.

Mark estaba, como siempre, elegantísimo. Seguí con atención todo el ritual de la ceremonia, algo diferente a otras bodas a las que yo había asistido. Fue emocionante. Al terminar, fuimos a su casa de Grayhall, en la montaña de Beverly Hills, donde se celebró la cena. Yo había estado otras veces en ella, pero para la boda la habían redecorado y parecía un cuento de *Las mil y una noches*: menú espectacular, música, baile inolvidable y, al final, al marcharme, me ofrecieron un precioso regalo de recuerdo: un espectacular corazón rojo de cristal de Baccarat.

La última vez que lo vi fue en febrero de 2000; estábamos en Los Ángeles, en la reunión Chairman´s Class. Era el vigésimo aniversario de la compañía. Le envié un mensaje diciéndole que necesitaba hablar con él, pero me comunicaron que no se encontraba bien y que no podríamos tener la reunión. Pero en un determinado instante del evento, un asistente se acercó a mi mesa y me dijo: «Mark quiere verte». Me llevó al *backstage,* donde Mark aguardaba de pie. Sonrió y, después de saludarnos y hablar unos minutos, me cogió las manos y, mirándome a los ojos, me dio su último mensaje personal: «Alicia, rejuvenece tu negocio». Después salió al escenario y comenzó diciendo: «He estado enfermo, pero una compañía es fuerte y funciona cuando no es necesario su líder». Fue una premonición.

Sonó el teléfono de madrugada. Mi amiga Katy Mirabal, con voz trémula, me informó del fallecimiento de Mark. Solo habían pasado dos meses desde la última vez que lo vi. La familia me invitaba a las exequias privadas y regresé a Los Ángeles para acompañarle en su último viaje, en el funeral privado, que se celebró en la misma iglesia presbiteriana en la que quince meses antes había estado como invitada a su boda, en la posterior reunión de familia y amigos en su casa de Malibú y, unos días después, en el memorial celebrado en el histórico Shrine Auditorium, con más de cinco mil asistentes. El dolor y la tristeza por la pérdida fueron muy grandes; nos dejó huérfanos a miles de personas en todo el mundo. Han pasado más de veinte años, pero nos dejó su visión y su legado, que compartimos con los nuevos emprendedores que se unen cada día.

La compañía ha continuado creciendo firme y segura y es más grande que nunca.

«La integridad de lo que hacemos en Herbalife no solamente está rindiendo frutos ahora, sino que seguirá rindiéndolos en los años por venir».

MARK HUGHES

4. Gratitud infinita

Mark tenía todas las características de los héroes griegos: inteligencia para solucionar diversas pruebas, valores personales extraordinarios, capacidad para superar situaciones de sufrimiento en su vida y para enfrentarse a circunstancias duras y, de este modo, resultar victorioso y fundar un imperio.

Como he dicho, el héroe que me enseñó lo que sé de este negocio fue Mark Hughes. Sus muchas enseñanzas y su ejemplo; el éxito y los retos que superó para alcanzarlo; el triángulo del éxito que hemos visto; la actitud *«No problem»* necesaria en cada momento difícil, y el máximo consejo: «Tu éxito solo estará limitado por tu propia imaginación; trabajo duro y orgullo por lo que haces» han sido los pilares de mi éxito y pueden ser los del tuyo.

Orgullosa y satisfecha por más de treinta años de carrera, no mido el éxito por el dinero o las cosas materiales. Para mí el éxito es un todo: ayudar a una persona más a mejorar su vida, tener tiempo para mi familia y libertad para viajar, invertir en mi desarrollo personal, estar con quien quiero y poder hacer proyectos nuevos cada día. Todo esto, para mí, es la auténtica riqueza; o sea, ser dueña de mi tiempo y de mi vida.

Sigo trabajando con tanta ilusión como el primer día porque, como dijo Confucio: «Elige un trabajo que te guste y no tendrás que trabajar ni un solo día de tu vida». Y sobre todo porque, gracias a Mark, que me inspiró, amo lo que hago.

5

LA CLAVE FILOSÓFICA

1000 horas con Jim Rohn

«No es la tecnología, no es el dinero, no son las herramientas; lo que en realidad marca la diferencia es lo que tú puedes hacer por ti y por otros a través de tu conocimiento, experiencia, pasión y vocación de servicio».

JIM ROHN

1. Un maestro en mi vida y mi negocio

Miraba aquel mar caribeño de un azul imposible y distraídamente dije al camarero: «¡Una piña colada, por favor!». Me levanté, caminé lentamente hacia la orilla y entré en el agua. Era finales del verano de 1989 y estaba en la playa Minitas en el *resort* La Romana de República Dominicana. Ese lugar maravilloso que recomiendo a todo el mundo fue mi refugio después de los trepidantes ocho meses previos a la apertura de la empresa en España.

Cerré los ojos y me dejé mecer por las olas, sin hacer nada, solo flotando y pensando en todo lo que había cambiado mi vida en tan poco tiempo. De repente, miré hacia la orilla y vi al camarero con una bandeja al lado de mi hamaca buscándome con la mirada. Decidí salir del agua pero, para mi sorpresa, observé que me había visto y que se dirigía hacia mí, entrando en el agua a mi encuentro. No lo podía creer: aquel joven con un cuerpo atlético de color canela, pantalón corto blanco, camiseta azul celeste, calcetines blancos hasta la rodilla y zapatillas blancas venía hacia mí caminando por el agua con una sonrisa increíble. Al llegar a mi altura, me ofreció aquella preciosa copa con sombrillita incluida y me dijo alegremente: «Le traigo un telegrama, Sra. García». Y allí estaba yo, con el agua por los tobillos, una copa en una mano y un misterioso telegrama, procedente de Los Ángeles, en la otra:

«I would like to personally congratulate you
for achieving millionaire team.

Keep up the good work.

Best wishes

Jim Rohn, Int Executive Director»

[Me gustaría felicitarla personalmente
por conseguir el equipo millonario.

Continúe con su buen trabajo.

Con mis mejores deseos.

Jim Rohn, director ejecutivo internacional]

Todavía conservo este telegrama enmarcado en mi despacho.

Aquella fue la primera vez que leí su nombre. No sabía quién era, pero lo conocí unos meses después en Los Ángeles.

El Sr. Jim Rohn es de sobra conocido en el mundo por su obra y su trabajo extraordinarios; se trata de un empresario estadounidense, autor y orador motivacional cuya obra ha influido en el lanzamiento o la promoción de las carreras de muchos otros de la industria del desarrollo personal, incluyendo a Anthony Robbins, Mark Victor Hanser, Brian Tracy y Jack Canfield.

Jim Rohn impartió más de seis mil conferencias a cinco millones de personas en todo el mundo. Autor de 34 libros, se consideró un «filósofo de negocios». Fue uno de los principales gurús de negocios, gran inspirador para emprendedores y mentor para muchos. Sus libros, audios y conferencias durante más de cuarenta años ayudaron a muchas personas a mejorar sus vidas y aún hoy son de enorme influencia en millones de personas.

Pero yo os contaré otra historia, la mía personal con él, porque tuve el privilegio y el honor de tenerlo no solo como mentor de mi negocio, sino como amigo personal durante 19 años.

Entró caminando despacio por el escenario, tranquilo, sin grandes aspavientos ni gritos entusiastas o motivadores, recibiendo los calurosos aplausos con la mano en el corazón. Se sentó en un alto taburete, abrió un cuaderno negro que llevaba en las manos y comenzó a hablar directamente para mí.

Esa fue la impresión que tuve cuando le escuché por primera vez; por fin le puse cara al misterioso firmante del telegrama que recibí en la playa dominicana.

Esa era la magia especial de su comunicación como orador; cada persona que lo escuchaba tenía la misma sensación: que estaba hablando solo para ella.

Durante muchos años me ayudó en mi negocio y se preocupó por mi vida personal con mensajes, viajando a veces juntos de un país a otro, en comidas o cenas y en algunas fiestas. Te podría contar muchas historias y anécdotas, pero compartiré una porque fue la que más me impresionó.

Era de noche. El timbre del teléfono resonó en mi casa. «Al habla Jim Rohn», escuché sorprendida, y después de los saludos de rigor me preguntó: «¿Qué tienes que hacer el próximo fin de semana?». «Nada en especial», respondí. «Me han llegado noticias de que te has separado de tu marido. ¿Qué ha pasado?, ¿cómo estás?, ¿quieres que nos veamos en Lisboa el próximo domingo y hablamos?».

Después de la tremenda sorpresa, por supuesto viajé a Lisboa. Quedamos en el icónico hotel Ritz, maravilloso y elegante, con una esencia que invitaba a las confidencias. Y hablamos... sobre un matrimonio feliz de 23 años, una familia, un proyecto de vida. Le abrí mi corazón como no había hecho jamás con nadie; en aquella larga sesión de *coaching* emocional en un tranquilo rincón del salón del hotel, tomando reconfortantes cafés, le pude contar mi tristeza, mi frustración, mis dudas, mis culpas, mis miedos, dejando correr las lágrimas sin esconderlas, mientras él, con actitud calmada, me miraba serena y paternalmente. Su manera de hablar pausada y cariñosa, llena de palabras terapéuticas como RESPIRA, PERDONA, RESPONSABILÍZATE, EXPERIENCIA, CRECIMIENTO, FUTURO, VIVIR o AMAR me consolaron. Fue la mejor terapia que nadie podía haberme ofrecido en aquella situación personal, y él lo hizo.

Siempre se alegró de la buena relación que Antonio y yo llegamos a tener después de nuestra separación; por nuestra hija y por nosotros, decidimos no matar el amor que nos tuvimos y transformarlo en un vínculo de cariño y amistad incondicional para toda la vida que todavía perdura.

Jim tenía el don de la palabra: desgranaba palabras, palabras y más palabras; las enfatizaba y las dotaba de un poder especial, de una fuerza y un significado casi mágicos. Su entonación cuando las pronunciaba era inigualable y convertía cada lista en un potente mensaje, en cada conferencia, en cada curso, que te llegaba directamente al corazón.

2. Su herencia filosófica para la vida y los negocios

Los siguientes mensajes y fábulas, con palabras de poder para el desarrollo personal y empresarial, son mucho más que frases motivacionales. Me recuerdan los famosos koanes de la filosofía zen: frases profundas que te ayudan a analizarte por dentro, a activar el pensamiento lateral y la mente intuitiva, o sea, a despertar conciencia de tu vida. Son pepitas de oro extractadas de mis apuntes personales en 17 cuadernos manuscritos que fueron pronunciadas por Jim Rohn en conferencias y talleres en diferentes momentos y en distintos países donde yo estuve presente recibiendo sus mensajes en directo.

Los Ángeles, 1990

- Las llaves del éxito:
  - El producto o servicio
  - La compañía
  - El sistema de compensación MLM
  - El entrenamiento y los mentores
  - Trabaja más en ti que en tu trabajo

Los Ángeles, 1-2/03/1991

- Para que las cosas cambien, tú tienes que cambiar.
- La promesa dice: si cambias, todo cambiará para ti. La clave de tu futuro eres tú.

Mónaco, julio 1991

- Ingenio es la manera de encontrar cómo hacer las cosas; y después hazlo una vez y otra más y otra más.
- Todos tenemos que pertenecer a algo más grande que nosotros mismos.

Barcelona, 20-21/02/1993

- Si quieres ganar una fortuna, aprende a trabajar más duro en ti que en tu empresa.
- Cualquiera puede tomar sabias decisiones y construir sobre roca y no sobre arena.

París, 1993

- ¿Qué es lo que hace valiosa la vida? Las oportunidades y las amenazas a las oportunidades. Lo negativo son las experiencias de vida que no se deben ignorar, son los opuestos necesarios.
- El doble escenario es único: fracaso y éxito, positivo y negativo, felicidad y tristeza. Esto hace que la vida sea fascinante y peligrosa a la vez. No se debe ignorar, sino conquistar y vencer.

Cannes, 08/11/1993

Los hacedores de milagros son tres:

- La persona, que hace lo necesario para que funcione.
- La misión, que no es el dinero, sino conseguir que la mayor cantidad de personas usen tus productos, y esto es un servicio a la comunidad.
- El plan: hacerse valioso para el mercado, para los clientes, para tu equipo, para tu familia; valioso para uno mismo; fomentar tu dignidad, respeto y autoestima.

Roma, 13/11/1993

- Resultado: hay maestros que enseñan para aprender; yo enseño para que otros consigan resultados.
- Logro: si encuentras una manera de ayudar a un número grande de personas a conseguir lo que quieren, tú lograrás lo que quieres.
- Disciplina: sé el héroe de tu negocio.

Orlando, 10/03/1994

La vida y los negocios son como las estaciones:

- Hay inviernos económicos, sociales, políticos, familiares; hay inviernos más largos que otros. Un problema se puede pasar en dos o tres semanas, otro en dos o tres años; la clave es dar la bienvenida a los inviernos, ser maestros de las circunstancias.
- La primavera siempre viene después del invierno y este año también. Es oportunidad, siempre sigue a la adversidad; es expansión, siempre sigue a la recesión; es alegría, siempre sigue a la noche.
- El verano. Nutrir como madre, alimentar la organización, a los clientes, tu negocio, tu vida; y defender como padre, luchar contra los enemigos. Cuidado con los zorros, con las malezas que nos quieren devorar el jardín.
- El otoño. Atraviesas el verano y la cosecha llegará. La cosecha más grande no es solo el dinero; es la dignidad, el autorrespeto, la autoestima, la autoconfianza, son las destrezas, el desarrollo personal, tener conciencia, ser padre o madre poderosos y fuertes.

Barcelona, 06/06/1994

- Lo que te ocurre es como el viento que sopla para todos. Los vientos de la política, de la economía, de las circunstancias, son comunes a todos y definirán el éxito o el fracaso; la diferencia está en cómo ajustes tú la vela. No puedes cambiar los vientos.

Los Ángeles, 27/10/1994

- Imaginación es ver.
- La fe es la capacidad de ver cosas que no existen todavía. Aprovecha la fe del líder hasta que tengas tu fe y la capacidad de dar.
- Ponle voz a la fe. Di a la gente: esto ocurrirá si lo haces... y esto ocurrirá si no lo haces... Tus palabras pueden matar; tus palabras pueden dar vida.
- La palabra: usa el don de la palabra, tu influencia, tu poder, tu alma, tu presencia, tu carisma, tu fama, tu reputación, para prestar tu fe y brindar felicidad a los demás.

Atlanta, 21/01/1995

- Tenemos la oportunidad de vivir el cambio de siglo y de milenio.
- Busca a tu alrededor oportunidades e ideas.
- Trabajo: mira hacia abajo; es lo que se logra con las manos. Mira hacia arriba, busca la inspiración; todo lo bueno viene de arriba, de cosas elevadas. Mira hacia atrás, revisa el pasado, los tiempos difíciles, y extrae lecciones y experiencias; los errores cometidos son una lección para aprender. Mira hacia el futuro y construye tus sueños, porque sin una visión de futuro perecemos.

Madrid, 01/04/1995

- Cuando comes espaguetis tienes que absorberlos, no los empujas para tragarlos. Absorbe la vida. Debes tener respeto por tu negocio, por las personas que dicen que sí y por las que dicen que no; por la gente que trabaja y por la que lo intenta, por los distribuidores grandes y por los pequeños, y sobre todo respétate a ti mismo.

Las Vegas, 19/05/1995

- Depende de ti cargar con tu liderazgo, dominar el ego, cargar con tu responsabilidad personal. Mantén tu sueño grande, tu objetivo definido y tu propósito inquebrantable.
- Lleva la bandera de la libertad de empresa; reúne tu capital, tu tiempo, tu dinero, tus ideas, tu vida, e inviértelo en ti mismo y en tu negocio.
- Tú puedes hacerlo; si te caes, hazlo una vez más. A pesar del sentimiento de pánico, te volverás más fuerte, más sabio, y construirás una muralla financiera para ti y para tu familia.

Buenos Aires, 12/10/1995

- Puedes llegar a donde quieras; trabaja más duro en ti mismo de lo que trabajas en tu negocio.
- La fórmula para tener éxito es atraerlo. El éxito no es algo que se persigue para ser alcanzado, sino algo que se atrae según la persona en la que te conviertes.

Los Ángeles, 14/02/1996

- Domina tus destrezas, fíjate metas, acepta el desafío del liderazgo, trabaja tu desarrollo personal y domina el arte de vivir bien. Eso es todo.

Madrid, 11/12/1996

- Lo que es fácil de hacer también es fácil de no hacer. Atento a las ideas que pueden cambiar tu vida. Si llega una idea en el momento adecuado, puede ser muy potente. Solo los humanos tenemos el poder de elegir. Las ideas vienen de tu experiencia personal y de la de los demás.
- La sabiduría y las ideas que no se invierten en acción son desaprovechadas.

Los Ángeles, 19/02/1997

- El poder de decir no.
- Vive el presente; concéntrate en lo importante. Todos tenemos el mismo tiempo; aprende a gestionarlo: cuando trabajes, trabaja, y cuando juegues, juega.
- Emplea el dinero con sabiduría. La independencia financiera es vivir de los recursos propios. Aprende qué hacer con el dinero. Trabaja en un plan para no tener deudas, ya que la fortuna depende de lo que hagas con lo que ganas.
- Filosofía del pobre: invierte poco o nada y se gasta su dinero.
- Filosofía del rico: invierte su dinero y gasta lo que sobra. 10 % caridad, 10 % negocio, 10 % inversión, 10 % ahorro; el resto es lo que sobra.

Río de Janeiro, 15/06/1997

- No desees que las cosas sean más fáciles; desea ser tú mejor. No desees menos problemas; desea tener más destrezas y sabiduría para solucionarlos.
- La mejor inversión que puedes hacer hoy para tu negocio es invertir en la gente, que te puede hacer rica si tú inviertes en ella; la gente es el mejor activo de tu negocio.

São Paulo, 25-26/10/1997

- Tres consejos:
    - Compasión. Encuentra una necesidad humana, busca una respuesta y ofrécesela.
    - Compromiso. Encuentra algo que merezca tu compromiso y comprométete.
    - Valentía y coraje. Mantén viva la llama cuando las cosas no salen bien.
- Cuando tengas un proyecto, una meta, una visión, un plan, pregúntate:
    - ¿Por qué hacerlo?...
    - ¿Por qué no hacerlo?...
    - ¿Por qué no yo?...
    - ¿Por qué no ahora?...
- Cuando el por qué se hace grande, el cómo es más fácil.

Los Ángeles, 11/01/1998

- Encuentra el poder que tienes dentro de ti. Búscalo en tu historia, en tus clientes, en tu equipo, en la empresa, en la oportunidad, en los nuevos mercados, en tu fuerza personal, en tus habilidades, en tus palabras.
- Lee más poesía.
- Saborea un buen vino.
- Visita a los que están solos y te necesitan.
- Abraza a tus amigos.
- Baila de alegría.
- Perdona a los desconsiderados y mezquinos.
- Olvida cuando no te tienen en cuenta.
- Canta las canciones que marcaron tu vida.
- Ama porque juntos todo es posible.

Madrid, 24/02/1998

- ¡Tú puedes cambiar tu vida!
- Utiliza el vocabulario del ganador, necesario para una vida exitosa:
  - Esperanza en el futuro. Podemos cambiarlo a mejor.
  - Sueños. Oportunidad de hacer que se conviertan en realidad; necesitas una fórmula.
  - Acción. Hay que trabajar para crear una fortuna; los sueños solo se materializan si se hace el trabajo.

Barcelona, 10/06/1998

- Seremos una leyenda; el impacto en tu vida en los años venideros dependerá de ti; tu poder se basa en tu desarrollo personal.
- Autoconcienciación. Mira sabiamente en tu interior, conócete a ti misma.
- Autoanálisis. Ve tus debilidades.
- Autoeducación. La universidad de la vida, aprendizaje concentrado.
- Autocrecimiento. Control del ego, trabaja en ti misma.
- Autogestión. Que nadie tenga que comprobar lo que haces.
- Autoestima. Fortalece tu carácter.
- Autoconfianza. El camino es el viaje.
- Autodisciplina. Acepta el próximo reto.

Salamanca, 20-21/03/1999

- ¿Estás preparada para el siglo XXI? Escucha la historia del sembrador:

  «Había un granjero que salió a sembrar sus semillas, que eran de primera calidad. Parte se las comieron los pájaros (estate preparada: la ley dice que parte de las semillas se las comen estos). Invitas a alguien nuevo a tu negocio y no vuelve. ¿Qué ocurrió?... Los pájaros.

  Otras semillas cayeron en el surco; otras sobre las rocas en terreno con piedra, y aquí la plantita empieza a crecer, pero el primer día de calor intenso se muere. Sigue sembrando... Otra parte de las semillas se mueren solas, pero otra parte cae en tierra buena y la planta crece, pero si a su lado crecen también espinas, la planta se muere. Las espinas son todas las excusas por las que no se hacen las cosas. Pero, por fin, unas pocas caen en tierra fértil, y aquí está la promesa».

  Esta es la historia de la vida, es la historia de crear un equipo.
- La información vale más que el dinero.

Los Ángeles, 17 y 20/02/2000

- Cada buena disciplina incide en lo demás; la falta de disciplina incide en lo demás. Todo incide en lo demás, todo importa. Cada idea nueva afecta a lo demás; cada falta de ellas también.
- Fija tus sueños y tu visión de futuro.
- Forja un muro financiero alrededor de tu familia.
- ¿Qué reconocimiento quieres para el futuro?
- ¿Qué generosidad estás dispuesto a dar?
- Forja una lista de grandes sueños y, si logras esa lista, escribe otra.

París, 13 y 15/02/2001

- Refinamiento, tiempo para la amistad, la familia, la espiritualidad, la cultura. Lee más; ve al teatro, al cine, a los museos; contempla el arte; escucha más música, los clásicos; baila más; saborea un buen vino; estudia... y practica el gusto de cultivar la belleza. Esto nos hace civilizados.

Colonia, 14/07/2002

- No sabemos qué nos depara el futuro; hay que estar sanos para resistir el ataque de un virus. Cuidemos nuestra salud; tengamos sabiduría para no cometer la tontería de ser descuidados con la vida. Ser descuidados puede poner fin a la vida víctimas de un momento de descuido. Cuida tu cuerpo.

Málaga, 21/11/2002

- Cuando te paraliza la frustración, o te entierras o vas adelante; si no puedes gestionar tu frustración es porque has perdido la visión, pero recuerda: frustración con visión igual a éxito.
- Compensa las capacidades que te falten con más números.
- Toma prestada la confianza hasta que puedas creer en ti misma.

Niza, 16/03/2003

- Pregúntale a la gente: ¿has encontrado ya la oportunidad que cuidará de ti y de tu familia para el resto de la vida?
- Niégate a ser víctima de las circunstancias. Cuando aparezca la oportunidad, atrápala, no dejes que se marche por la ventana.
- La libertad está en marcha, domina el lado oscuro de la naturaleza. Cuídate del ladrón de tu mente, cuídate de los ladrones de sueños.

Bolonia, 22/11/2004

- Puedes construir millonarios, ofréceles la oportunidad.
- El arquitecto necesita al albañil para construir el edificio; el albañil necesita al arquitecto para diseñarlo. Es posible diseñar, construir y vivir una vida extraordinaria.

Atlanta, 16/04/2005

- Cuando siembras esperas la cosecha y, con ella, el gozo y la oportunidad.
- No te quedes con grupos de gente fácil; únete a las expectativas y a las experiencias más altas.

Atenas, 20 y 23/07/2006

- No estamos solos en este negocio; hay muchas personas con tu mismo objetivo.
- Somos una gran familia de emprendedores con una misión común.
- Recuerda que no estás sola en el día a día.
- Desarrolla la empatía y el esfuerzo.

Turín, 17/07/2009 (llamada telefónica)

- Si tú cambias, todo cambiará para ti.
- No puedes cambiar el viento, pero sí girar las velas.
- Pertenecer a una compañía progresista, fuerte y dinámica ayudará.
- Que la compañía tenga productos y servicios que te hacen sentir orgullosa realmente ayudará.
- Si hay un liderazgo fuerte y honesto, también ayudará.
- Si tienes un buen plan de marketing y compensación, eso ayudará.
- ¿Cómo ganar ingresos superiores a la media? Conviértete en una persona por encima de la media.
- Desarrolla apretones de manos por encima de la media, sonrisas por encima de la media, entusiasmo por encima de la media, dedicación e interés por encima de la media, y así la diferencia serás tú.
- Recuerda: la mejor herramienta de tu futuro y tu negocio eres tú.

3. La despedida

La última vez que lo vi, escuché y abracé fue el 22 de marzo de 2009 en Los Ángeles, en el hotel Beverly Hilton. Habló para todos los asistentes y nos dio un breve mensaje que, como siempre, recibí especialmente para mí: «Estamos retrasados, hay que darse prisa. Tienes que crear más historias dentro de tu negocio, tienes que ser maestra de tu propia historia, maestra para llegar al corazón. Llega a la gente para que sea mentalmente fuerte ante la adversidad. Acelera tu programa de atracción, atráeles a la «familia», regálales abrazos y besos. Si en el pasado tuviste retos y no lo lograste, la próxima vez lo harás mejor. Os llevaré conmigo en mi corazón».

A muchos nos corrían lágrimas por las mejillas; sabíamos que estaba enfermo. Se estaba despidiendo; nos dejó nueve meses después.

Jim influyó profundamente en mi vida. Me enseñó una filosofía de vida y negocio que recuerda la de los filósofos griegos, cuyos mensajes todavía siguen vigentes. Jim, como Sócrates, hablaba de vivir con valores y de crecimiento por la persona en la que te puedes convertir; me inspiró en mi búsqueda y en mi interés por el desarrollo personal y empresarial: aún hoy su presencia perdura en mí.

**«Mi meta es convertir respuestas en resultados.
Algunos profesores enseñan a aprender. Ese no soy yo.
Algunos profesores enseñan a otros a lograr resultados.
Ese soy yo».**

JIM ROHN

6

PALAS ATENEA, LA DIOSA DE LA SABIDURÍA

Poderoso negocio femenino: si eres mujer, esto es para ti

«Detrás de cada gran mujer está ella misma».

VIRGINIA MOSQUERA

1. El éxito de las mujeres en el negocio MLM

Loli, mi cuñada, vendía Avon y me invitó a varias de sus reuniones. Yo tenía 19 años, poco dinero, estudiaba y trabajaba, así que el negocio no me interesó, pero le compraba algunos productos, pues son francamente buenos. En aquella época, en general y sobre todo los hombres, no se veía la Venta Directa como un negocio serio, sino como una distracción para las mujeres. Por esta razón, muchos relacionaban los negocios de Venta Directa con algo para féminas que querían un dinerito extra para ir a la peluquería o entretenerse con las amigas por las tardes. Fue la primera vez que me rozó la Venta Directa.

Además de mi trabajo como publicitaria, mis intereses personales en la década de 1980 pasaban por mi familia, educar a mi hija y la búsqueda del desarrollo personal y espiritual. Fue cuando conocí a mi amiga Elsa Luzón, una maravillosa y bella cubana, culta, elegante y con mucha clase, con la que compartía mis sesiones de yoga y meditación.

Como os he comentado, en la adolescencia yo fui una *hippy* a la española. El *new age* estaba de moda y fui creciendo, formando parte de esas mujeres de mi generación con hambre de libertad, modernas, feministas, que lo queríamos todo —amor, familia, oportunidades, reconocimiento e igualdad—; nos convertimos en Superwoman... Quisimos llegar a todo y nos dejamos algunas cosas importantes por el camino; fue parte del precio que hay que pagar en la vida cuando tus sueños son más grandes que tu realidad. Terminamos agotadas. Claro que hemos conseguido grandes logros sociales, y muchos más que faltan, pero hoy considero que nuestra lucha empieza por nosotras, por tener conciencia de qué queremos, para qué y con quién, y expandirlo a los demás.

Elsa, a la que todavía me une una gran amistad, se dedicaba a la Venta Directa y más tarde lo hizo al MLM. Es una enorme profesional que lideró equipos de mujeres en varias compañías. Asistí a todas las reuniones a las que me invitó en las diferentes empresas en las que trabajó:

- Tupperware fue la oportunidad que encontró cuando llegó de Cuba y se convirtió en número 1. Le compré todos los *tuppers* de plástico que tenían —por cierto, son excelentes—.
- Vorwerk la fichó cuando aterrizó en España para crear la fuerza de ventas. Ella escribió el primer libro de Thermomix en España, firmado como Elsa Luzón de Camino, y fue la chef de algunas de las recetas. Aún tengo en mi cocina su libro y la máquina —la actual, claro—.
- Lyn Cristal era una empresa asturiana que fabricaba un cristal extraordinario. Elsa creó los equipos de Venta Directa.

Suelo comprar flores frescas para mi casa y todavía utilizo esos jarrones maravillosos que compré en sus reuniones.

- Amway, el gigante. Cuando comenzó en España, Elsa intentó que me uniese a su grupo. No lo consiguió, pero a través de ella conocí sus excelentes productos y a Luis Costa, amigo suyo y mítico empresario cubano que paseó el nombre de Amway por todo el mundo hasta que murió en un accidente de avión en Polonia. Le llamaban «el príncipe de la Venta Directa».

Como puedes comprobar, todas eran y son empresas de primerísimo nivel; la venta directa y el MLM me rodearon durante años. Elsa siempre me invitó a sus presentaciones; compré productos en todas, pero nunca logró que me involucrase en el negocio de ninguna. Curiosamente, fui yo quien invitó a Elsa a comenzar conmigo mi negocio multinivel con Herbalife cuando lo traje a España, y ella aceptó: se convirtió en uno de mis diamantes. Con su enorme experiencia me enseñó todo lo que sabía sobre la venta directa. Es una mujer maravillosa, tiene una gran historia por escribir. Acostumbra a decir la frase de Bob Marley: «En los negocios, la curva más bonita de una mujer... es sin duda su sonrisa».

2. Poderoso negocio femenino

Las mujeres fuimos pioneras en la Venta Directa. No estaba mal visto que se reunieran con sus amigas en sus casas y compartieran merienda, charlas, risas y productos y además se llevasen un dinerito a casa. Estos fueron los principios de la Venta Directa y de la industria MLM en España: grandes empresas como Tupperware, Vorwerk, Amway o Avon iniciaron a muchas mujeres en la Venta Directa con demostraciones caseras.

Mujeres y más mujeres, bellas, fuertes, con talento, de todas las profesiones, circunstancias y edades de varios países, que se decidieron a emprender a mi lado, a las que entreno y ayudo con compromiso y pasión para que alcancen sus sueños, independencia y libertad.

Marisol, esteticista; Carmen, empresaria; Mercedes, ama de casa; Mari Carmen, sanitaria; Paqui, deportista; Obdulia, comerciante; Arancha, nutricionista; Maite, estilista; Blanca, secretaria; Paloma, diseñadora; Irene, enfermera; María Luisa, peluquera; Sara, estudiante; Isabel, directora de hospital; Puri, ama de casa; María Teresa, profesora; Asunción, comercial; María Félix, empresaria; Transi, administrativa; Ana María, farmacéutica; Raquel, fisioterapeuta, y muchas, muchas más.

La mayoría de las mujeres han experimentado en algún momento de su vida y de su carrera profesional uno o varios de los problemas a los que nos enfrentamos. Alguna ha comprobado en carne propia cómo tenía limitado el crecimiento en su actividad profesional y que el famoso techo de cristal sí existía al percibir un sueldo hasta casi un 40 % menor que el de los hombres, y cómo en muchas ocasiones ha tenido que demostrar su valía con mucho más trabajo y esfuerzo para ser aceptada en un mundo profesional en su mayoría masculino. Y eso sabiendo que las oportunidades son menores para el colectivo femenino y que para la mayoría, cuando llegue la jubilación, resultará menor porque sus sueldos son inferiores —según un informe de 2020[1], nos falta todavía un siglo para alcanzar la igualdad salarial real—.

Algunas se ven obligadas a convivir con una pareja a la que no aman o incluso que las maltrata física o psicológicamente solo por no tener recursos económicos propios para mantenerse.

Muchas han comprobado que la conciliación familiar está en manos de las empresas y los gobiernos; que un mundo profesional compatible y feliz es aún una quimera, y que la maternidad, el cuidado de los hijos y las jornadas reducidas incomodan mucho a las compañías y son a veces causa de despidos.

Por cultura ancestral, la mayoría de las mujeres trabajadoras, cuando cumplen su jornada de trabajo profesional, al llegar a casa tienen que atender a niños, comidas, limpieza y muchas otras cargas domésticas, que recaen mayoritariamente sobre ellas, doblando su jornada y haciendo que terminen estresadas y agotadas, aunque poco a poco las cosas están cambiando y en las parejas más jóvenes ya no existe el concepto de «ayudar en casa» porque son corresponsables de la empresa familiar y ambos dividen sus tareas y responsabilidades a partes iguales, que es lo que sería deseable en todos los casos.

También tienen problemas las mujeres profesionales con puestos directivos; incluso con ayuda en el hogar, cargan con el remordimiento de no estar el tiempo suficiente con sus pequeños; resumiendo: no tienen tiempo, pero sí mucha culpa.

Aparqué mi Saab rojo descapotable, un sueño hecho realidad fruto de mi arduo trabajo, en la calle Abascal. Entré en la sucursal de un conocido banco y pedí hablar con el director; mi propósito era abrir una cuenta bancaria. Me atendió de forma muy amable y, al comunicarle mi intención y poner sobre la mesa un cheque a mi nombre con varios ceros, me preguntó si estaba casada —le respondí que sí—. Su segunda pregunta fue si mi marido estaría también en la cuenta para gestionarla. Le respondí que según la Constitución española todos somos iguales, sin distinción de género, y que yo no necesitaba a mi marido para abrir o gestionar una cuenta bancaria. Ante su estupefacción, me levanté y salí por la puerta; perdieron a una buena clienta. Ya en la calle y muy enfadada, entré en el banco de al lado solo para ver su actitud, pero me atendieron maravillosamente bien.

Este episodio sucedió hace años, pero solo es un ejemplo de que a veces las personas evolucionan más lentamente que la sociedad y las leyes, por lo que en muchas áreas las mujeres todavía tenemos batallas que ganar.

Podemos sintetizar los principales problemas que encuentran las mujeres para acceder al mundo laboral en los siguientes:

- Sus esfuerzos laborales y familiares no son recompensados ni reconocidos.
- Muchas trabajan en algo que no les gusta solo porque necesitan un sueldo a fin de mes.
- Cuando tienen más de cuarenta años les resulta muy difícil incorporarse al mundo laboral.
- Algunas, por la rigidez de horarios, tienen que dejar de trabajar para cuidar de la familia, padres e hijos.

Hay muchas mujeres que no están satisfechas y que tienen estos problemas y algunos más, que les causan frustración, baja autoestima, desmotivación y agotamiento físico, mental y emocional; por eso con frecuencia buscan a su alrededor otras posibilidades.

3. Lo que quieren las mujeres

Los problemas expuestos anteriormente dejarían de existir solo con tres soluciones: más tiempo, más dinero y más reconocimiento.

- Problema número uno: la falta de tiempo.
  Solución: negocio MLM.

  Serás dueña de tu tiempo. Pondrás tu propio horario cómodo para ti según tus necesidades. Podrás dedicarte horas libres o tiempo parcial o total. Ahorrarás tiempo en traslados, que podrás dedicar para ti y para cuidarte más. Porque este negocio lo llevas contigo donde tú estés: lo puedes gestionar desde casa, tu coche, tu oficina, por teléfono, por Internet, por redes sociales, etc. Cuidarás de tu familia a tu estilo y no tendrás jefe, porque la jefa de tu negocio serás tú.

- Problema número dos: la falta de dinero.
  Solución: negocio MLM.

  Serás dueña de tu dinero. No dependerás económicamente de nadie; tendrás las riendas de tu economía. Puedes ganar un extra al mes para completar la economía familiar, el equivalente a un sueldo o tener los ingresos de una pequeña o mediana empresa. Podrás crecer hasta donde quieras; solo dependerá de tu trabajo. Podrás generar ingresos para tu jubilación, pues los beneficios pasivos por *royalties* son de por vida y heredables por tus hijos.

  En resumen, no tendrás que esperar un siglo, o sea, más de una vida, a que tu sueldo sea igual al de un hombre porque con tu negocio de MLM aprenderás a ganar dinero, serás tu propia jefa y decidirás cuánto quieres cada mes. Solo depende de ti.

- Problema número tres: la falta de reconocimiento.
  Solución: negocio MLM.

Serás dueña de tu crecimiento personal. Tener un negocio propio y levantarlo desde cero aumenta enormemente los niveles de autoestima; saber que eres capaz de mantenerte a ti y a tu familia elimina la frustración y te otorga poder. Cuando te demuestras a ti y a los demás que sí puedes, aumentan tus niveles de seguridad y por cada pequeño logro alcanzado tienes una repercusión exponencial que te lanza al siguiente objetivo y a continuar creciendo.

4. El talento femenino en los negocios

El talento femenino brilla especialmente en los negocios. Perfectas para la difusión y la venta, las mujeres tenemos cualidades innatas que hemos alimentado desde niñas y que, puestas al servicio de un negocio de MLM, aportan grandes beneficios, como interactuar con la gente de forma natural, crear vínculos de amistad, atender, escuchar, ayudar, cuidar, organizar, educar, formar, entrenar, consolar, inspirar, empoderar y amar.

Desde estas páginas levanto mi voz con un mensaje especial solo para mujeres: esta es una gran oportunidad para ti; aquí encontrarás respuestas a tus «plegarias» y soluciones a algunos de tus problemas, como ya te he explicado.

La Venta Directa podrá ser una solución generalmente a tiempo parcial, o quizás total. Hallarás lo que buscas; ganarás tu dinero en función de tu dedicación, tiempo y compromiso y desde luego trabajo, aunque de ti dependerá el nivel de éxito que logres.

Aunque las estadísticas varían cada año, se calcula que las mujeres representan de media entre el 75 y el 80 % del negocio multinivel en el mundo.

Cuando comencé mi negocio, el 80 % de mi equipo eran mujeres y el 20 %, hombres. Hoy mis datos han cambiado y el 70 % son mujeres y el 30 %, hombres; esto es un indicador de que los hombres ya ven esta industria con otra mirada. Aun así, las mujeres seguimos siendo una gran fuerza viva en este negocio, sobre todo en número.

Algo que me interesa mucho, desde un punto de vista femenino, económico y social, se refiere a los niveles de liderazgo, gestión, formación, duplicación y expansión de las mujeres. Durante años he comprobado que las mujeres que construyen solas un gran negocio multinivel todavía son menos que los hombres solos o las parejas, en las que, salvo algunas excepciones, generalmente uno de los dos es el líder, unas veces el hombre y en otros casos la mujer. Pero en este siglo las cosas están cambiando y cada vez hay más mujeres fuertes independientes y poderosas decididas a emprender y a tomar las riendas de su propia vida.

A vosotras, amigas, os recomiendo que leáis biografías de mujeres de éxito a lo largo de la historia. Podéis retroceder hasta la antigua Grecia y conocer a Aspasia de Mileto, la mujer de Pericles, a la que Sócrates consideraba su maestra por su excelente retórica. Aunque no hay muchas confirmaciones sobre lo fidedigno de la historia que nos ha llegado hasta hoy, sí sabemos que fue inteligente, culta y gran oradora y que en aquella época, en la que las restricciones legales confinaban a las mujeres casadas al ambiente doméstico, ella fue capaz de tener actividades por las que alcanzó independencia económica y tuvo que pagar impuestos. En definitiva, lo más parecido a una mujer liberada y profesional de nuestro tiempo.

Poco a poco las mujeres nos vamos posicionando con voz propia. Marie Curie ganó dos Premios Nobel, Coco Chanel inició su negocio con tienda e ideas propias, Estée Lauder creó la empresa de cosméticos que lleva su nombre, Oprah Winfrey según la revista *Forbes* es la mujer más poderosa del mundo en la actualidad o Kim Kiyosaki es una emprendedora, inversora y mujer de negocios hecha a sí misma, y estos son solo algunos ejemplos. Es probable que conozcas o hayas leído *El negocio del siglo XXI,* libro donde su marido, el famoso empresario estadounidense Robert Kiyosaki, explica y recomienda que, si buscas un negocio inteligente, que produzca ingresos pasivos de por vida y que funcione aunque tú no estés, tu opción sea el marketing en red o redes de mercadeo. Uno de sus capítulos está escrito por Kim y lo dedica especialmente al papel de la mujer en el MLM y su enorme posibilidad de desarrollo, donde afirma que este es un negocio muy poderoso para el colectivo femenino. Estoy totalmente de acuerdo.

Si el presente de esta industria es fantástico, el futuro resulta muy prometedor para cualquier sexo. Si eres hombre, apresúrate a invitar a tu negocio a mujeres emprendedoras. Y un consejo: no las trates en función de su sexo, sino como harías con un hombre, o sea, con respeto y en función de su compromiso y su actividad profesional.

Las mujeres somos diferentes a los hombres en el mundo de los negocios: más sensibles, más intuitivas, más empáticas... Aprender a manejar nuestras virtudes en el negocio nos ayudará a recorrer caminos exitosos. Necesitamos más discursos para mujeres y más historias exitosas que seguir. La tuya puede ser la siguiente.

El viaje de Ulises a Ítaca no hubiera sido posible sin las mujeres de la *Odisea,* como Atenea, Circe, Calipso, Helena o Euritea, aunque nos han llegado siempre vistas desde una mirada patriarcal.

Odiseicas, el maravilloso libro de Carmen Estrada, nos cuenta que los perfiles de Penélope (mujer fiel), Circe (hechicera peligrosa) o Nausica (objeto de deseo) que nos han llegado hasta hoy no se ajustan a la realidad homérica, donde Penélope piensa y actúa libremente en la ausencia de su marido, Circe y Calipso son voluntariamente autosuficientes y solitarias, Euritea es una trabajadora que se mueve con autoridad y Atenea es la diosa de la sabiduría o de la guerra en función de la necesidad del momento, algo muy interesante para una mujer y que encarna los valores de fuerza, valentía y justicia. Todas ayudan a Ulises, pero no dependen de él. Las mujeres de la *Odisea* son independientes, poderosas, atrevidas, testarudas, contradictorias, incluso crueles, pero independientes[2].

Son arquetipos que se ajustan a los valores de una mujer actual por cualidades y habilidades. Las mujeres emprendedoras somos como modernas amazonas, valientes, guerreras, inteligentes y hábiles, capaces de superar obstáculos y de unirnos en equipo para ayudarnos a lograr metas afines.

Por todas las razones expuestas en este libro y muchas más que podrás descubrir, la Venta Directa y el MLM son actividades perfectas para desarrollar emociones, ayudar a las personas, compartir habilidades y cumplir sueños.

5. Si buscas un negocio, ¡¡¡esto es para ti!!!

Valora los 19 motivos que enumero a continuación y por qué el MLM es una actividad excelente para las mujeres. ¿Con cuántos de ellos te identificas?

- ☐ Si buscas un negocio compatible, ¡¡¡esto es para ti!!!
- ☐ Si quieres emprender, pero no sabes cómo empezar...
- ☐ Si no tienes capital...
- ☐ Si necesitas conciliar en tu hogar...
- ☐ Si quieres ayudar con tus ingresos a la economía familiar...
- ☐ Si buscas una actividad desde casa mientras cuidas de tus niños y de la familia...
- ☐ Si no quieres tener jefes...
- ☐ Si no quieres depender económicamente de nadie...
- ☐ Si buscas ajustar los horarios a tus necesidades...
- ☐ Si quieres aprender a crear tu propio éxito profesional...
- ☐ Si quieres ser reconocida por tu trabajo...
- ☐ Si quieres ser dueña de tu dinero...
- ☐ Si sueñas con ahorrar para viajes y caprichos extra...
- ☐ Si quieres tener una jubilación con mayores ingresos...
- ☐ Si buscas lograr independencia económica...
- ☐ Si quieres hacer nuevos amigos...
- ☐ Si necesitas aumentar tu autoestima...
- ☐ Si quieres trabajar tu desarrollo personal...
- ☐ Si quieres hacer el viaje de empleada a emprendedora...

Si quieres formarte, aprender, crecer y mucho más, ¡¡¡esto es para ti!!!

7

HERMES, EL MENSAJERO DE LOS DIOSES

La disrupción digital y el nuevo multinivel del siglo XXI

«El verdadero liderazgo es la capacidad de adaptarse a los cambios».

JOHN C. MAXWELL

1. De analógico a digital

¡¡¡¡Ha llegado un fax!!!!

Si tienes menos de 25 años, no lo has visto nunca, pero en los noventa era lo último de lo último y lo más moderno para comunicarnos... Era cuando yo me hacía esta reflexión: «¿Qué pensaría mi abuelo N. si viese que un texto escrito en una hoja y metido en una máquina en Madrid es recibido en Los Ángeles o Nueva York en el mismo instante? Y ahora, en la actualidad, ¿qué pensaría si viese que con un pequeño ordenador y un teléfono inteligente trabajo, estudio, tramito mis asuntos administrativos y financieros con bancos y con la Administración, manejo mi economía, hago la compra del súper, compro libros y zapatos, me comunico con mis amigos y con el mundo desde Kuala Lumpur hasta Utrilla (Soria) —la tierra de mi abuelo— y manejo varios negocios a nivel internacional desde mi casa?». Magia, absoluta magia.

La mejor analogía del viaje homérico con las nuevas tecnologías es Hermes. Como mensajero de los dioses por excelencia; que traspasa fronteras humanas y divinas; que viaja en el tiempo y del mundo al inframundo; deidad de la velocidad, el comercio, las ciencias, las negociaciones y los inventos... es lo más parecido a la red digital de nuestros días. Tener alas para volar donde quieras.

Si echamos un vistazo atrás, sabemos que hace tan solo unos pocos años no existían los teléfonos móviles, los ordenadores o internet. Hoy, si nos dejamos el móvil en casa, volvemos raudos porque nos hemos dejado media vida. Según la Comisión Nacional de Mercados de la Competencia (CNMC), en diciembre de 2020 en España las líneas de telefonía móvil superaban los 55 millones y seguían creciendo. Entre un 75 y el 85 % tenemos un ordenador o más, y casi todos estamos conectados a Internet, cuyo uso supera el 90 % en el país. La conexión a redes sociales crece cada día; el 80 % de la población emplea al menos una[1].También, según el informe digital 2021 de Hootsuite, hay algo más de 5000 millones de personas que se conectan a internet desde sus *smartphones*, el 60 % de la población mundial. En España, el 94 % accede desde dispositivos móviles, el 82.9 % desde el ordenador y el 59 % desde la *tablet*, pasando de media 6 horas al día conectados.

La sociedad y la economía han cambiado por la digitalización de la vida y los negocios.

2. La era de la digitalización

Los humanistas dividieron la historia de la humanidad en edades: prehistoria, Edad Antigua, Edad Media, Edad Moderna y Edad Contemporánea —esta última desde 1789 (la Revolución francesa) hasta nuestros días, definición que para nuestro tiempo se ha quedado obsoleta—, y es posible que en un futuro próximo declaren oficialmente el fin de la Edad Contemporánea y acuerden un nuevo nombre, que podría ser, según algunas propuestas: «posindustrial», «poscontemporánea», «espacial», «del conocimiento», «de la comunicación» o, sencillamente, «Era Digital».

Internet, la Red de redes, se creó en 1969 como un proyecto militar que se llamó Arpanet. En 1972 estaban integradas muchas universidades, en 1989 entró la comunidad científica y poco más tarde se unió la nueva economía. Por tanto, en unos 50 años se expandió, pero en los últimos 20 ha revolucionado el mundo... Sí, literalmente poniéndolo patas arriba, porque ya nada será igual.

Es curioso, pero Internet y yo tenemos una fecha en común: en 1989 comencé mi negocio de MLM; durante los primeros años, con los sistemas de captación y promoción tradicionales persona a persona, creé un negocio internacional de MLM. Ahora, en el siglo XXI y en constante actualización, he introducido las nuevas tecnologías en mi organización, estudiando y formándome en marketing de atracción, marketing omnicanal, marketing digital, redes sociales *(social selling)*, *e-commerce* y más, porque la edad no es un impedimento. En resumen, la globalización mundial y las nuevas tecnologías se han encargado de mantener y hacer crecer mi negocio, y esto es solo un nuevo comienzo.

Estamos en la nueva era, un siglo donde la información, la formación, la comunicación, el ocio y los negocios han pasado a otra dimensión; las empresas, la política, la cultura, la economía, el comercio electrónico, las páginas web, los correos electrónicos, las redes sociales; entretenimiento, ocio y negocios, todo junto en ese espacio virtual al que cualquiera desde su casa y con un ordenador o un móvil puede acceder y así estar conectado con el mundo. ¡¡¡Qué maravilla!!!

3. La disrupción tecnológica

Es un nuevo paradigma para las empresas de hoy y principalmente para las del mañana que se define como una alteración producida por un cambio a raíz del desarrollo de las nuevas tecnologías, lo que ha modificado por completo los modelos de negocio. Puede ser duro, pero se trata del fin del modelo tradicional tal como se conocía a escala comercial.

Este nuevo modelo empresarial que ha afectado a nuestras vidas, como es lógico también ha influido en la industria de la Venta Directa y el MLM. Hoy, como siempre, el MLM es un negocio de gente, de comunidades, de nuevos contactos a quienes presentarles tus productos, servicios y actividad, pero ahora es diferente porque las nuevas tecnologías lo han cambiado todo.

Son unas excelentes aliadas, y han llegado para quedarse y seguir cambiando nuestras vidas, nuestros trabajos y nuestros negocios. Si eres *networker*, es fundamental que entiendas y conozcas las tecnologías para sacar partido de ellas; si quieres tener un negocio exitoso, más vale que te pongas al día. Si no deseas morir en el intento, tienes que formarte y actualizarte si pretendes continuar creciendo.

Un canal de distribución único y poderoso para el MLM

Incluso en la era digital, no se puede perder el *leitmotiv* del negocio del MLM, que es y será la consolidación de carteras de clientes satisfechos; es decir, lo que se conoce como *customer centric*, tener un negocio centrado en el cliente. Para ello es necesario seguir atendiendo todas las necesidades de este, aspecto que antes se realizaba personalmente y que ahora se hace por medios digitales. No podemos olvidar que detrás de ordenadores, pantallas, *software*, *hardware*, algoritmos, aparatos y cables hay personas, y a todos nos gustan las recomendaciones que nos inspiren confianza, que son los influenciadores cercanos. A veces, cuando al consumidor se le satura de información digital, el resultado es un rechazo por falta de confianza.

Considero que para el negocio de MLM hay que desarrollar un negocio híbrido: parte de los contactos seguirán siendo *offline*, pero los provenientes de las herramientas digitales deberán tener un sistema para que se cimente el negocio convirtiéndolos en clientes por confianza y fieles por las bondades de tu producto o servicio, y tu trato personal será la única manera de que te compren a ti y no a otro.

Un cambio de mentalidad

Vivimos en un mundo cambiante. La pasada crisis de 2008 fue la espoleta que agitó la mente y la actitud de muchos emprendedores, sobre todo los más jóvenes, quienes entendieron que el trabajo y el empleo como se conocían hasta entonces ya no existían y que la vía de emprender sin riesgo económico que ofrece el MLM era una posibilidad real y seria.

Según la Asociación de Venta Directa (AVD), el crecimiento del MLM es magnífico: las ventas aumentaron un 9 % en 2020, con un incremento del número de jóvenes menores de 30 años que se dedican a él y que eligen preferentemente las herramientas digitales para prospectar, vender y patrocinar; estos representan el 20 % en el sector.

Expertos en tendencias y negocios, como el economista estadounidense Paul Zane Pilzer, vaticinaron que el siglo XXI viviría la explosión de esta fórmula de trabajo tan exitosa desde casa y que las únicas personas que podrían decir algo negativo acerca de la industria de Venta Directa y MLM son las que no obtienen resultados y las que están atrapadas en una mentalidad de trabajo de 9:00 a 17:00. Además, Zane predijo que Europa estaría preparada en los comienzos del siglo XXI, como así ha sido.

En España y en algunos países entre los más mayores, aún encontramos vestigios de desconocimiento y confusión sobre esta industria, como hemos analizado en los primeros capítulos, incluido el mundo digital. Los menores de 30 años tienen prejuicios: si a un joven de 25 años alguien de 50 le dice «este negocio no es bueno por...», el de 25 no le dará credibilidad porque tiene más argumentos de comprobación en Internet que la experiencia que pueda atesorar el de 50. Como hemos hablado, los jóvenes lo han superado. Por su parte, los de más edad, en concreto los denominados «rezagados digitales», que estaban acostumbrados a una vida analógica, han sufrido una gran transformación. La pandemia del coronavirus les ha hecho ver que tienen una asignatura pendiente: actualizarse. No obstante, muchos lo están haciendo, ya que han visto la utilidad del mercado electrónico, de comprar desde casa, ver a la familia por videoconferencia, formación virtual para estudiantes y profesionales, el cuidado de la salud a distancia; educación, medicina, ocio y negocio, todo digital.

4. El reinado de Internet

¿Qué ha aportado Internet al MLM? Algo maravilloso: ha conseguido dar visibilidad a esta industria y a sus distribuidores serios y profesionales, evitando las malas prácticas, porque cada distribuidor que desarrolla su negocio en Internet no solo está auditado por la compañía matriz a la que está afiliado y con la que deberá cumplir todas sus normativas internas, sino por todos los usuarios para los que ese distribuidor trabaja, contactos, clientes, equipos, etc.

La confianza por recomendación en el entorno cercano funciona, pero es muy difícil con desconocidos. Ahora los seguidores pueden ver en Internet un prospecto, opiniones verificadas, los comentarios positivos o negativos de los clientes, etc., y esto da poder al comprador final para elegir quién le da más confianza y credibilidad. Es el *trustivity* inglés, que no solo se traduce por *confianza,* sino por *confianza con grado,* o sea, un plus, porque de forma implícita su actividad lleva unida una confiabilidad que vale oro, que es su marca personal. Eso antes de Internet no lo tenían los distribuidores de manera tan visible; en la Red están la foto y todos los datos personales del distribuidor, lo que otorga confianza. Incluso la empresa puede auditar a sus distribuidores digitales mejor que a un distribuidor que esté operando *offline*, ya que respecto a este último es imposible hacer un seguimiento a su negocio, no hay prueba social ni de terceras partes de confianza.

Los problemas que arrastramos de mala imagen en esta industria, supuestos engaños, falta de credibilidad, mala praxis de trabajo de algunos distribuidores, etc., se minimizan mucho con la visibilidad del distribuidor.

Pero hablemos de privacidad. La ética digital va más allá de los gobiernos; hay plataformas que tienen sus propias reglas, normas de conducta comunitaria que afectan a millones de personas en muchos países, normas transnacionales que no recaen en ninguna institución, sino en la comunidad sobre cómo te ven. La comunidad es quien te denuncia y de quien esa plataforma se fía: si tienes un problema de imagen en tu comunidad, lo pagarás caro. La comunidad te soporta y, si te ve falta de credibilidad, si la incendias, te dará la espalda. Aquí, en el MLM del siglo XXI, los distribuidores digitales dan las gracias a Internet porque con las comunidades sociales se alimentan de prospectos y futuros clientes.

La pandemia ha acelerado los negocios *online* de manera exponencial y ha obligado a empresas y distribuidores a impulsar la digitalización del sector. En 2020 se ha consolidado esta transformación: las demostraciones de productos y presentaciones de negocios se han trasladado al mundo virtual y herramientas como las redes sociales y los canales digitales han crecido de forma significativa. Según la AVD, hoy más del 80 % de los clientes en la Venta Directa llegan a través de las redes sociales e Internet. Los datos actuales establecen que el ritmo del avance digital en tan solo dos años de pandemia equivale al de diez años en circunstancias normales, aunque, según los expertos, el proceso de digitalización de la sociedad aún tardará en completarse entre 10 y 15 años.

«El secreto del cambio es concentrar toda tu energía, no en luchar contra lo viejo, sino en construir lo nuevo».

SÓCRATES

5. Cómo incrementar tu negocio digital y reforzar tu marca personal

Solo necesitas un ordenador, una *tablet,* un *smartphone* o un *smartwatch.* Fórmate en nuevas habilidades digitales con cursos, talleres y libros que te enseñen lo que necesitas. En cuanto a las diferentes plataformas, las hoy punteras pueden quedar obsoletas en unos años con la aparición de otras más actualizadas, pero todas están basadas en los perfiles sociales:

- **Para formación y presentaciones *online*:** seminarios web, blogs y plataformas de *streaming.*
- **Para prospectar Internet:** marketing de contenidos, grupos en las redes, pódcast, chats, secuencias de *mail marketing,* que generan confianza y credibilidad, transformando interacciones en clientes.
- **Para vender:** páginas web, *funnel* de ventas y perfiles sociales.

Cuanto más y mejor aprendas a usar las herramientas digitales, más éxito tendrás.

¿Y qué será lo próximo que podamos aplicar digitalmente a nuestros negocios? En el ámbito corporativo, las empresas de MLM podrán ayudar a sus distribuidores y clientes con la inteligencia artificial, recomendar de manera quirúrgica lo mejor y aplicar tecnología *big data* y algoritmos para conocer las necesidades del cliente. Además, en la esfera personal se prevé una mejor comunicación virtual gracias a los nuevos dispositivos tecnológicos —desde los nuevos *smartphones* hasta cualquier dispositivo conectado a la Red, como una pulsera, un lápiz, una pequeña caja, etc.—, y con ellos tendremos acceso a la realidad aumentada, conexiones ultrarrápidas más allá del 5G y novedades que hoy no conocemos.

Inteligencia artificial y *big data* asistirán al distribuidor en sus tareas cotidianas. Que nadie piense que le va a reemplazar un robot; no habrá un androide que venda por ti. Lo que podrás hacer será detectar y solucionar los problemas de tus clientes de forma personalizada a través de las diferentes herramientas; así la experiencia de uso de los productos y servicios será excelente. Esto está por venir.

Con la inteligencia artificial tendremos un asistente para prospectar en forma óptima. Conoceremos *a priori* qué expectativas podremos ofrecer a cada persona en función de su trabajo y dedicación a la nueva actividad, qué hará con el negocio y las herramientas que funcionarán para ella, y le diremos con precisión sus posibilidades reales para el éxito de su negocio de MLM con resultados verificados (p. ej., cien personas han hecho esto y, si tú haces lo mismo, podrás tener X resultados en tantos meses/años). La segmentación por intereses, basada en perfiles de *big data*, generará contactos interesados y futuros clientes.

6. El futuro ya está aquí

Estamos ante una nueva era del negocio de MLM con el canal tecnológico. Las nuevas tendencias en marketing y ventas digitales se adaptarán cada vez más a la tecnología portable, al nuevo paradigma de los cambios digitales, que ofrecerá nuevas oportunidades y trabajos, como la creación de más y mejores contenidos, más profesionales, y la gamificación. Esta, la aplicación de dinámicas de juegos, encuestas, logros y propuestas en diferentes áreas (educativas, lúdicas, etc.), es fantástica para el MLM porque captará la atención de los usuarios, atrayéndolos a tus propuestas y fidelizándolos, según explica Kotler. Esto te llevará de la mano, pero siempre respetando la privacidad del usuario, disociando y aislando el dato de la persona.

Producimos mucha información, pero solo procesamos una pequeña parte; el 99 % la descartamos porque no tenemos capacidad para tratarla.

Si miramos en una bola de cristal, ¿cómo serán el dinero y los negocios del siglo XXI? ¿Cómo afectarán las actividades y las transacciones comerciales en la Red? Habrá cambios, sin duda, ya que parece que la hegemonía de las monedas gubernamentales probablemente perderá su liderazgo como monedas únicas de intercambio y de valor y se aceptarán las monedas virtuales, como criptomonedas y bitcoins (*Descentralized Finance* [DeFi]), que han venido al mundo, según dicen, para defender la libertad, la privacidad y la no confiscación de los bienes del individuo. No se sabe qué pasara, pero se anuncian cambios.

Y la generación Z los liderará. Una profesora de segundo de la ESO afirma que los alumnos están comprando bitcoins con 17 y 18 años. ¿Tienes tú bitcoins? Eso está por llegar y revolucionará la forma en la que hacer tu negocio de MLM y las transacciones comerciales. Nos tocará ponernos las pilas con tecnologías totalmente disruptivas. El movimiento es brutal; la criptomoneda es la hija del siglo XXI. Las empresas de ahora son tecnológicas, la gente es tecnológica y cada vez más se abraza el bitcoin como moneda de intercambio de capitales. El mundo está cambiando.

Los Z aman la libertad, no quieren depender de nadie, abrazan las tecnologías, quieren ser conscientes y tomar el control de su vida y de sus finanzas, por lo que buscan actividades y negocios independientes. No ven el mundo *cripto* como un producto financiero de inversión, sino como su lengua materna. Hablar en esas monedas es hablar de libertad; ya no hablan en euros, sino de *bitcoins*, *ethereum*, *das*, *dodecoin*... Les gusta mucho viajar con dinero transfronterizo: libertad de capitales y de movimiento. Son emprendedores natos... para decidir qué quieren hacer con su vida.

Un informe elaborado por Hootsuite y We Are Social con datos de julio de 2020 sobre la evolución digital afirma que hay 3950 millones de personas que emplean redes sociales, el 51 % de la población mundial; que casi 43 millones de españoles se conectan diariamente a Internet, con 6 horas de media al día; que el 62 % utilizan redes sociales, o sea, más de 29 millones de personas; que las redes son el mayor escaparate en el mundo, y que han eliminado las fronteras tanto a la hora de comunicar como de vender. Las tendencias e intereses mundiales son un claro indicativo; por ejemplo, en la lista de las palabras más destacadas en lengua española en 2021, según la FundéuRAE, son *criptomoneda* y *metaverso*.

Si quieres mejores resultados, para no quedarte obsoleto ante el aumento meteórico de las nuevas tecnologías, del marketing digital y de las redes sociales, y aunque solo tengas conocimientos digitales como usuario, mi recomendación es que contactes con personas expertas que te enseñen y te orienten. Es fundamental aprender nuevas herramientas para enfrentarse al reto digital.

Los cambios que vienen superarán con mucho nuestra imaginación. ¿Cómo evolucionará el metaverso de Zuckerberg u otros en las nuevas plataformas? ¿Usaremos gafas de realidad virtual cada vez más parecidas a las convencionales? ¿Tendremos un avatar viviendo y trabajando en un universo paralelo? ¿Qué pasará con la Web3, que promete ser la evolución del Internet que conocemos, descentralizada con tecnología *blockchain*? ¡Cuántas novedades nos esperan en los próximos años!

Pero la esencia de las personas no desaparecerá porque, aunque muchos consumidores han cambiado sus hábitos de compra y ahora lo hacen por Internet, tú podrás utilizar diferentes canales y plataformas para llegar hasta ellos con tu mensaje. El multinivel y las nuevas tecnologías son un tándem extraordinario y básico en el siglo XXI. Para aprovechar estas al máximo, tu trabajo será cimentar tu marca personal y aportar transacciones con un contenido de alto valor añadido en la relación con tus comunidades.

Para finalizar, Tim O'Reilly afirma que uno de los aspectos fundamentales de la tecnología es que crea «nuevas oportunidades para trabajos deseados». No obstante, nunca hay que perder de vista lo que en su día aseguró Steve Jobs: «La tecnología no es nada, lo importante es que tengas fe en las personas, que sean básicamente buenas e inteligentes, y si les das herramientas, harán cosas maravillosas con ellas».

PARTE III

APRENDER PARA EMPRENDER

8

DE TROYA A ÍTACA

El viaje de empleado/a a emprendedor/a

«Ten en mente que tu propósito y tu plan para lograrlo puede ser modificado de vez en cuando; lo importante es que comprendas el significado de trabajar siempre con un objetivo en mente y con un plan bien estructurado».

NAPOLEÓN HILL

1. Pioneros

Todas las empresas serias de Venta Directa y MLM que conozco, con una trayectoria impecable de muchos años, han sido creadas por uno o varios emprendedores, pioneros y líderes indiscutibles: Amway, fundada en 1959 por Jay Van Andel y Richard DeVos; Avon, en 1886 por David H. McConnell; Mary Kay Cosmetics, en 1963 por Mary Kathlyn Wagner; Usana, en 1992 por Myron W. Wentz; PM-International, en 1993 por Rolf Sorg; Oriflame, en 1967 por Jonas y Robert Jochnick y Bengt Hellsten; Ringana, en 1996 por Andreas Wilfinger y Ulla Wannemacher; The Juice Plus+, en 1970 por Jay Martin; 4Life, en 1998 por David y Bianca Lisonbee; Jeunesse Global, en 2009 por Randy Ray y Wendy Lewis; Vorwerk, en 1883 por los hermanos Carl y Adolf Vorwerk; Kyäni, en 2006 por los hermanos Hansen y Carl Taylor y Herbalife Nutrition, en 1980 por Mark Hughes —y que conozco desde dentro—, por poner solo algunos ejemplos.

Todos los fundadores de estas multinacionales tienen historias personales muy potentes que les impulsaron a ir a por sus sueños: unos empezaron en el sótano de su casa lanzando su primer producto (Amway), otros a partir de una tragedia y desde una cocina haciendo pruebas en una batidora (Vorwerk), otro desde un balneario (Ringana), otro por una tragedia familiar y desde el maletero de su coche (Herbalife), otros desde una infancia pobre y muchos sueños (Jeunesse), otro como un mecánico de automóviles al que le gustaba la Venta Directa (PM-International), otro como el proyecto de dos familias que descubrieron los beneficios de las bayas silvestres y que es una de las pocas empresas del sector que hoy cuenta con una mujer como presidenta (Kyäny)... y así podríamos seguir. Pero todos querían poner en el mercado productos especiales, novedosos y diferentes por encima de lo que este ofrecía; fueron visionarios de un proyecto que no sabían a dónde llegaría, pero entre todos y muchos más construyeron una industria millonaria, la Venta Directa y el MLM. Ofrecieron oportunidades a millones de personas en el mundo porque apostaron por llevar sus magníficos productos y servicios al mercado de manera distinta, directamente de la fábrica al consumidor, sin pasar por la estantería de una tienda ni por intermediarios.

Y esa es la magia, porque de la mano de un «empresario independiente», distribuidor y embajador de la marca que acompaña al producto, este llegará al mercado aportando lo que no tiene, ojos, boca, manos, piernas y corazón, que es el valor añadido y la gran diferencia.

2. ¡Leva anclas!

¡Aquí comienza tu viaje! Si me has acompañado desde la página 1, ya estás preparando tu travesía, aunque solo sea en tu imaginación.

¿Qué es un viaje? Un trayecto que nos lleva del punto de partida al destino elegido, pero también lo que ocurre cuando tienes una meta y comienzas un proyecto con una idea ilusionante que te crea mariposas en el estómago; que te hace sonreír; que despierta tu curiosidad; que te hace buscar los recursos necesarios pensando cuál será la mejor ruta, la mejor compañía, y que te hace encontrar muchos motivos para empezar. Tu imaginación te lleva al lugar donde quieres estar y lo único que te falta es dar el primer paso.

Puede que seas empleado o desempleado, estudiante, jubilado, comerciante, ama de casa o el flautista en Hamelín, pero, si quieres hacer con éxito el viaje de empleado a emprendedor, tendrás, como hizo Ulises, que embarcarte y navegar, ponerte en acción. Para ser un héroe o heroína actual deberás arriesgarte a vivir la experiencia aprendiendo por el camino; incluso con las cartas náuticas y tu brújula para no perderte, tienes que saber que la meteorología es traicionera, los vientos cambiantes y el mar profundo y misterioso; tienes que estar preparado para cuando aparezcan peligros y arrecifes para no naufragar y mantener el rumbo con mano firme o modificarlo si es necesario.

Emulando el viaje de Ulises de regreso a Ítaca, realizarás el apasionante viaje del hombre moderno, que te llevará de empleado a emprendedor de éxito en la industria de la Venta Directa y el MLM del siglo XXI.

Si te gusta viajar, este es el sitio; si tienes una meta en tu cabeza, también. Sabrás dónde embarcar y a dónde quieres llegar en tu proyecto de MLM, teniendo en cuenta que necesitarás paradas intermedias donde celebrar cada logro, repostar y redirigir las velas de tu barco personal.

He viajado mucho por diferentes países llevando el mensaje de la independencia y la libertad financiera a través de las oportunidades de la Venta Directa y el MLM, haciendo un viaje personal y épico, sorteando imprevistos, superando dificultades y aprendiendo habilidades.

Cuando decidí iniciar mi travesía con mi nuevo proyecto, tomé la decisión de comprometerme al 100 %, como te conté en los capítulos anteriores. En este y en los próximos te mostraré una ruta. Puedes seguirla o diseñar otra. Compartiré contigo los principios fundamentales de esta industria y los pasos básicos necesarios para comenzar y tener resultados. Si lo haces, te llevarán al éxito y dejarás estelas en el mar.

3. 10 pasos para comenzar tu negocio MLM

Básicos y fundamentales para iniciarte, tendrás que ponerlos en marcha todos —aunque no necesariamente en el mismo orden de esta lista— porque son los cimientos de tu negocio.

Paso 1. La empresa

Es fundamental que conozcas la empresa en la que estás o a la que te quieres afiliar. La mayoría de las de MLM tienen una gestión excelente, pero los siguientes puntos son los imprescindibles:

- Que su plan de compensación económica sea excelente y probado.
- Que sus productos o servicios sean de primerísima calidad.
- Que tenga amplia experiencia en la industria del MLM (más de 5-10 años).
- Que tenga un fundador visionario y un *staff* corporativo con experiencia internacional.
- Que su historia, misión, visión y valores sean extraordinarios.
- Que se preocupe y se ocupe de facilitar información y formación.
- Que su apoyo a los distribuidores resulte permanente y sus servicios, actualizados.
- Que se preocupe de todos los distribuidores, desde el recién iniciado hasta los más veteranos y los grandes líderes, sin importar el tamaño de su negocio.
- Que esté actualizada y adaptada a las nuevas tecnologías.
- Que sea sostenible con el planeta y solidaria con la sociedad.

Una empresa así, que aporta valor, debe ser tu elección para afiliarte. Si ya formas parte de una, ahora tienes que conocer y estudiar su historia, a tus patrocinadores, tus *uplines*, a los líderes y los resultados.

Paso 2. Tu negocio desde tu casa u oficina

La mayoría de los emprendedores en MLM trabajan desde casa y otros desde su oficina personal o compartida en *coworking*, donde realizan diferentes actividades, pero todos necesitan un lugar físico.

Tu despacho en casa es muy cómodo, un sueño fantástico, excelente para la conciliación familiar: te da independencia con cero costes y muchos beneficios más. No obstante, también tiene algunos riesgos, como no desconectar, no conseguir que la familia entienda que estás trabajando para que no te moleste y alargar mucho los horarios.

Necesitas tener un espacio personal. Un sitio fijo, un lugar donde montar tu oficina, es básico. Tu creatividad buscará un espacio; la creación de resultados necesita un hábito, y el lugar ayuda muchísimo. Te recomiendo que organices ese espacio con todo lo necesario para tu actividad, lejos de ruidos familiares, y para que te sientas el dueño de tu negocio y cómodo para trabajar, con todos los materiales necesarios: ordenador, guiones, folletos, listas, agendas, etc.

También son básicas buenas conexiones tecnológicas, sobre todo si trabajas con herramientas digitales y, si es posible, dos números de teléfono, uno personal y otro de trabajo. De esto te darás cuenta a medida que vayas creciendo.

Te recomiendo también tener una cuenta solo para tu negocio y todo lo personal en otra; incluso un TPV para pagos de los clientes que te compran personalmente y algún sistema de cobro a distancia.

Es muy común que cuando preguntes a un distribuir cuánto ha ganado en un mes no lo tenga claro. Por tanto, necesitas un libro de entradas y salidas, de ingresos y gastos, como cualquier tienda o negocio.

Finalmente, ten en cuenta que, a medida que vayas creciendo, precisarás una asesoría para llevar tu negocio legal, autónomos, administración, impuestos, los diferentes requerimientos en cada país, etc.

Bueno, ya estás listo/a, preparado/a.

Paso 3. Planifica tu tiempo

Es fundamental contar con una agenda física o digital: lo que no se escribe no existe. Organiza el horario, diario, semanal, mensual, del tiempo que te comprometes a trabajar en tu negocio —esto no es negociable— y prográmalo en una agenda. La tarde del domingo es ideal para planificar toda la semana. Debes incluir todas las actividades que realizarás para el crecimiento, contactos, citas, llamadas, clientes, reuniones, formación, etc.

Paso 4. Profesional de productos y servicios

Es lo que pondrás en el mercado, por lo que resulta imprescindible que estudies tus productos y servicios desde el lado del cliente: qué les ofrecen y qué solucionan al consumidor; y como distribuidor debes aprender cómo presentarlos al mercado para convertirte en un profesional.

¡Sé producto del producto! Te tiene que gustar lo que ofreces, has de usarlo y conocerlo porque es imprescindible para tu propia credibilidad. Jamás venderás un producto o servicio que no utilizas.

Debes asistir a todas las formaciones sobre productos y servicios que organicen tu patrocinador, tu equipo o la empresa: qué son, qué contienen, para qué sirven, cómo se usan y cómo se recomiendan; pueden ser tediosas y reiterativas, pero no olvides que la repetición es la madre del aprendizaje.

Confía en la calidad, en la garantía y en el respaldo de la propia compañía.

Cuando tengas tus propios resultados y los de tu entorno, recomendarás tus productos y servicios con total confianza por tus propias experiencias, no por lo que te hayan contado.

Tu entusiasmo respecto a los productos o servicios es el ingrediente mágico para ofrecerlos; no vendemos productos o servicios, «vendemos resultados». Compartir no es vender. Tendrás nuevos clientes utilizando herramientas efectivas con resultados medibles; nada sucede en ningún negocio mientras no haya una venta.

Haz una lista con los problemas que soluciona tu producto o servicio. Ten tus propios resultados y soluciones a esos problemas y compártelos con los demás y los demás compartirán su dinero contigo.

Paso 5. Plan de trabajo

Diseñar un plan diario, semanal y mensual te ayudará a lograr los objetivos para cada etapa. Construye un plan realista en varias fases (I-II-III):

- **Fase I. El producto o servicio es el centro del negocio.** Como te he explicado antes, y no me cansaré de repetirlo, conocer el producto o servicio es imprescindible. Tu primer objetivo será crear una cartera de clientes. Cuanto más sepas, más resultados tengas, más venderás. Por otra parte, el seguimiento de resultados y satisfacción es básico para fidelizar a un cliente. Un proceso para acompañarlo en la realización de sus objetivos te ayudará a fidelizarlo y a tener referencias.
- **Fase II. Transformar a los clientes en distribuidores.** Podrás dividir tus clientes en tres categorías: solo consumidores; clientes con descuento por estar afiliados, pero que no tienen interés en la actividad; y los que quieren formar parte del negocio. Tendrás que identificarlos con estrategias específicas y en su momento explicarles el plan de negocio; si lo haces a destiempo, puedes perderlos como clientes.
- **Fase III. Crear un equipo.** Hay que aprender y aplicar técnicas de patrocinio para invitar a tu negocio a personas interesadas. Presentar tu negocio, sus ventajas e interesar a tus contactos es algo muy importante que deberás practicar hasta dominar las habilidades necesarias. Estas dependerán de si los contactos son *offline* u *online*. Además, participar en un sistema de formación y apoyo es básico y fundamental para la expansión por la motivación y el entusiasmo que genera. Puede ser presencial o virtual.

Hablemos de dinero

Al diseñar un plan de trabajo, debes tener claros los objetivos monetarios que quieres alcanzar cada mes. ¿Cuánto dinero quieres ganar mensualmente? Estará en relación directa con el tiempo que le dedicas a la semana.

Te recomiendo que tus gastos básicos los paguen los beneficios obtenidos de tus clientes y el resto, las comisiones y *royalties*, sean para invertir y ahorrar.

Cada compañía tiene su propio plan de compensación, pero todas cuentan con clientes —que solo consumen— y distribuidores —que hacen el negocio—.

Te voy a dar una idea para hacer un plan de dinero extra, por ejemplo, alguien que quiere 500-1000 € extra al mes, que ayudan a muchas familias y evitarían muchos divorcios. La fórmula es muy fácil: pongamos que se gana de media un 30 % por cliente. En un pedido de 100 €, si ganas el 30 % de ese pedido, serían 30 €, por lo que necesitarías a 17 clientes para tener unos ingresos de 500 € —poco más de cuatro clientes a la semana, menos de un cliente al día—. ¿Pero qué sucedería si ganases más, el 35, 40 o 50 %, por cada pedido? Pues que con menos clientes ganarías más dinero. Si tus beneficios por cliente son menores, lo único que tienes que hacer es aumentar la cantidad de clientes semanales; en resumen, calcula cuántos necesitas para lograr tu objetivo.

Pero lo mejor de un proyecto así es que tienes un objetivo, un plan semanal, y tus objetivos básicos mensuales automáticamente se cumplen sin ningún problema. Te aseguras un dinero extra, al que le sumarás los ingresos por el resto de las comisiones y los *royalties* del equipo que estás creando. Así es como se construye un negocio.

Tendrás una actividad que crecerá poco a poco; aprendiendo cómo pasar de empleado a emprendedor, empezarás a sentir que estás creando tu negocio desde cero y te sentirás muy orgulloso de tus propios logros.

Paso 6. Patrocinio

Te afiliaste a una compañía, tendrás tu código y los materiales de comienzo, pero alguien es tu patrocinador, esa persona que te interesó en comenzar tu negocio. La labor de patrocinio es muy especial porque resulta similar a una mentoría que te conduce paso a paso por tu viaje como distribuidor.

La base de tu negocio multinivel es crear tu equipo: solo conseguirás los ingresos pasivos o *royalties* cuando construyas una organización de personas emprendedoras que hagan lo mismo que tú.

Tendrás que aprender el plan de compensación o de marketing, es decir, cómo se gana dinero, las comisiones, los *royalties*, las bonificaciones, etc., ya que explicarlo de forma firme y segura te dará confianza a ti y a tus prospectos. Al principio, cuando te lo expliquen, solo verás números, bolitas y cuadrados, y cuanta más cantidad, más personas y más dinero. A algunas personas les gusta y a otras les parece complicado, pero tú debes estudiarlo en profundidad para poder entenderlo y explicarlo con sencillez a los demás: comisiones, volúmenes de ventas, niveles de producción, *royalties*... todo.

Los ingresos lineales y residuales son un hecho. Será apasionante ascender por la escala del plan y ver en primera persona cómo se materializan los números. Puede que te parezca que los incentivos y los logros están aún lejos, pero recuerda que muchos ya lo han hecho: la oportunidad es la misma para todos. Solo ten presente que tendrás que trabajar —como en cualquier trabajo o negocio— durante un largo período de tiempo para construir un negocio sólido, rentable, duradero y que te permita lograr una jubilación espectacular. Los resultados serán proporcionales al esfuerzo y al trabajo realizados.

Paso 7. Ventas/clientes, seguimiento y fidelización

La base de tu negocio de Venta Directa es tener cada mes clientes nuevos y repetidores que te hagan pedidos. Crear una cartera de clientes fieles se consigue a través de tu asesoría para ayudarles a lograr sus objetivos. Esto te proporcionará el equivalente a un sueldo y mucha experiencia.

Tu historia vale una fortuna

Construir tu relato de experiencias es la mejor manera de vender tu negocio. La humanidad se ha construido con historias y todas venden algo porque cada una es el relato de un logro o de un fracaso, de un amor o de un desamor. Vendemos libros, restaurantes, viajes, etc., lo que nos gusta y lo que no, por recomendación, contando una historia que lo secunde. Nosotros nos vendemos como personas y como profesionales cuando nos presentamos, sea de manera personal o profesional. Recomendar el negocio y los productos o servicios que vendes según tu experiencia personal es el mejor modo de interesar a tus contactos.

Por esta razón, desde el inicio debes construir tu historia de resultados con los productos y con el negocio y saber compartirla en el momento adecuado, porque en un mundo de comunicación social la gente quiere saber qué haces y, más importante, por qué lo haces. Se ha puesto de moda el *storytelling*, que no es ni más ni menos que saber contar una historia para que la gente se interese. Para que tu historia sea especial y la gente se conecte a lo que cuenta, es muy importante que tenga un trasfondo emocional; no solo se trata de dar datos y resultados, sino de comunicar emociones.

Escribe tres historias y practícalas hasta que las memorices de manera natural. La normal (para una reunión o charla sin prisa con amigos, familia, etc., de máximo 10 minutos), la corta (para reuniones de grupo, presentaciones varias, etc., de 1-5 minutos) y la mini (solo lo importante que puedas decir en lo que hoy se denomina *elevator pitch*, lo que dura un viaje de ascensor, es decir, 30-60 segundos).

Elabora un guion con tres preguntas: ¿cuál era tu situación al inicio?, ¿qué tuviste que hacer y durante cuánto tiempo? y ¿cuál es tu resultado actual? Por ejemplo, no es lo mismo decir que has aumentado tus ingresos en X al mes que decir que, gracias a que has aumentado tus ingresos en X al mes, puedes pagar a los niños las clases de piano, estás reduciendo tu hipoteca, puedes ayudar a tus padres o has conseguido quitarte alguna deuda. La conexión emocional y el resultado son lo fundamental.

Paso 8. Herramientas

Son los recursos y métodos diarios de operaciones que podrás elegir para desarrollar tu actividad, sea presencial o digital, y atraer a personas a tu actividad.

El tamaño de tu negocio está directamente relacionado con el número de personas que captas. Y estas serán el resultado de las veces que presentas y duplicas tu negocio.

Si comenzamos con el sistema *offline*, ¿cuántas personas has conocido en tu vida? Según mi experiencia, se queman muchos contactos al principio por falta de experiencia. No recomiendo hablar de tu nuevo negocio si no estás acompañado por alguien experto ni contactar con todos tus amigos al principio porque los puedes quemar; más adelante, con más experiencia, podrás tener una conversación para ver si estarían interesados en tu negocio. Al comenzar con tu círculo de influencias, llenar tu lista con al menos un centenar de nombres no resulta nada difícil. No prejuzgues a nadie, no pienses por las personas; a veces decidimos en función de lo que nosotros creemos que dirían.

A continuación, te ofrezco varias aspectos y preguntas que te pueden servir para entablar una conversación y dirigirla a donde te interesa:

- **Empleo.** Cuánto tiempo lleva en su trabajo, si le pagan bien, qué tal es su jefe, si piensa quedarse toda la vida en ese trabajo, etc.
- **Dinero.** Cuando se quejan de que no llegan a fin de mes, que su empresa está mal, que les gustaría una casa más grande, cambiar de coche, llevar a los niños a otro colegio, etc., y no pueden permitírselo.
- **Ocio.** Dónde pasa las vacaciones, qué le gustaría hacer, dónde viaja y si le falta tiempo o dinero para sus *hobbies*.
- **Familia.** Se siente culpable porque no pasa suficiente tiempo con la familia, no puede cuidar de sus padres, no ve a los niños, no les puede dar estudios superiores, etc.

Tú decides qué decir según la respuesta. Por esta razón, todas las herramientas que utilices para la captación tienen que ir en esta dirección.

Con el sistema *online* contactaremos con personas a través de Internet, redes sociales, YouTube, vídeos, audios, pódcast, WhatsApp, Telegram, etc., aumentando el número de seguidores de forma orgánica y gratis o con campañas publicitarias de pago y con los respectivos guiones.

Cada persona con la que te conectas en tu vida por cualquier canal es una posibilidad; solo dependerá de cómo y cuándo le plantees la idea. Entre el primer contacto con una persona y el momento de exponerle tu propuesta tienes que darle una versión optimizada de ti de manera sincera, darle contenido de valor, hablarle de cómo tu producto —servicio/negocio— te está ayudando en problemas similares que tenías hace tiempo o que tienes y que estás intentando solucionar; o sea, compartir con la gente, conversaciones, amistad, empatía y sororidad.

Paso 9. Eventos

La asistencia a reuniones, cursos y talleres de negocio presenciales y digitales es básica, fundamental y necesaria para mantener la llama de tu entusiasmo y motivación. En un macroevento se ve la foto panorámica del negocio, la magnitud, la gran visión, y esto es muy necesario para los nuevos. Al ser un negocio algo solitario porque todo depende de ti, compartir con colegas que hacen lo mismo que tú sus éxitos y sus fracasos te aportará mucha inspiración y te ayudará mucho en tu desempeño.

Paso 10. Formación

Es básico formarte en todos los puntos que hemos enunciado más arriba para desarrollar tu negocio *offline* y *online*. Además, resulta imprescindible tu propio desarrollo personal; es lo que yo llamo el *plus* necesario para el éxito. Le doy mucha importancia a este tema porque es la gasolina que necesitarás para mantener activa tu motivación y tu fortaleza. Formarte te ayudará a superar retos y podrás poner en práctica lo aprendido en tu vida y en tu negocio. En el siguiente capítulo hablaremos más sobre ello.

4. El kilómetro extra

Quiero que entiendas que todos los pasos que hemos visto constituyen el trabajo básico, lo que tiene que hacer todo distribuidor el primer año, y que ha de seguir mejorando y perfeccionando durante toda su carrera como *networker*.

Pero falta lo más importante: esa diferencia que marca que unos tengan éxito y otros no, esa fuerza interna que nace desde lo profundo del ser, un convencimiento de que todo es posible, una energía que te llena de coraje y entusiasmo y que te lleva a la acción, lo que yo llamo *pasión*. La veo en muchos distribuidores en sus ojos y en sus actos; en otros muchos, no.

Esa fuerza es la que tuve al traer a España la compañía. La gente no compró productos, no compró un sistema de marketing, no compró el nombre de una empresa; compró mi sueño, mi creencia, el proyecto común de que lo lograríamos. Esto lo entendí más tarde, la única vez en mi carrera que estuve a punto de tirar la toalla. Esa historia te la contaré más adelante.

Si quieres llegar a la tierra prometida, utiliza la siguiente fórmula de éxito:

VENTA DIRECTA + MULTINIVEL + TRABAJO + PASIÓN =
NEGOCIO PERFECTO

Es sencillo, pero no fácil. No te voy a vender la moto; nada que tenga valor en esta vida es fácil. Será fácil para ti solo si lo haces funcionar.

Imagina que estás en una barca con dos remos. Si solo remas con uno, darás vueltas sobre ti mismo; si remas con los dos, pondrás rumbo a tu objetivo y, al no dejar de hacerlo, con los dos irás avanzando. No importan la fuerza de tus brazos ni la distancia; lo lograrás. Solo es cuestión de tiempo.

5. Posiciónate en tu negocio

Algunos distribuidores de MLM, cuando otros les preguntan qué hacen y a qué se dedican, no saben qué responder; dicen ambigüedades como «estoy en la empresa tal...» (nombre que muchos no conocen), «distribuyo productos», «vendo X productos», «es un negocio multinivel que funciona así...», «hago reuniones», etc. La mayoría no saben responder con rotundidad ni seguridad sobre su negocio como cuando alguien dice «tengo un restaurante», «tengo un negocio de coches», «tengo una tienda de ropa», «soy médico», etc. Por ello, cuando alguien te pregunte a qué te dedicas, cuál es tu negocio, debes tener una contestación coherente. Te voy a dar la respuesta perfecta:

- «Tengo una red de distribución de productos de...».
- «Gestiono una red de distribución internacional de...».

Lo que yo respondo es: «Tengo una red de distribución internacional de productos de bienestar».

9

PENÉLOPE, UN PLAN INTELIGENTE

Método Emprendizaje Max: «Aprender para emprender»

«La suerte es lo que ocurre cuando la preparación coincide con la oportunidad».

SÉNECA

1. Escuela de negocios

Siempre soñé con tener un negocio propio. Durante varios años trabajé en diferentes agencias de publicidad en puestos de responsabilidad; me gustaba mucho mi trabajo, me pagaban muy bien, pero dentro de mí dormía un sueño alimentado desde la infancia por mi familia sin saberlo. Mi abuelo N. tenía varios negocios, entre ellos una tienda de muebles en el centro de Madrid y una oficina en la calle Alcalá donde me llevaba los domingos. Yo era pequeña, pero recuerdo las cosas que me decía: «Si solo quieres sobrevivir, ten un empleo; si quieres ganar dinero grande, ten un negocio. Con un negocio se gana dinero —y añadía con voz bajita—, aunque también se pierde». También mis padres fueron emprendedores. Mi padre jamás tuvo un jefe; desde su juventud llevó a cabo diferentes proyectos y negocios relacionados con los viajes, los aviones y los automóviles. Mi madre, además de llevar todas las tareas del hogar —lo típico de su época— con la ayuda de Sofía, una señora muy formal que nos cuidaba a mi hermana y a mí, tenía un taller de bordados donde elaboraban bellas piezas para el ajuar de la alta sociedad de Madrid. Por tanto, comprenderéis que por mis venas corría sangre de emprendedora.

Lo intenté varias veces al mismo tiempo que trabajaba en la agencia. Tuve un estudio de diseño publicitario *freelance* con bastante éxito. Intente abrir una tienda de productos importados de EE. UU., La Tienda Mágica, pero fue imposible por problemas administrativos derivados de la importación. Más tarde decidí comprar una librería que vendían cerca de mi casa y que yo adoraba, pero no llegamos a un acuerdo. Posteriormente inicié un proyecto para crear una empresa de sonido y grabaciones publicitarias, pero la gran inversión necesaria y la búsqueda de capital retrasaban el comienzo.

Estaba atenta y analizaba las distintas posibilidades, y fue entonces, como te he contado, durante aquel viaje a Nueva York, cuando se cruzó en mi camino una vez más el tren de la oportunidad... y me subí.

Hoy, después de tantos años desde que dejé mi trabajo como empleada y comencé a emprender, reconozco la necesidad de aprender para poder tener éxito en cualquier emprendimiento.

Hay muchas historias de grandes emprendedores de éxito, la mayoría hombres, que no tenían formación universitaria ni emprendedora y crearon negocios exitosísimos: Steve Jobs (Apple y Pixar), Mark Zuckerberg (Facebook), el coronel Sanders (KFC), Amancio Ortega (Inditex) y muchos más. Una investigación realizada por Approved Index basada en las publicaciones de la revista *Forbes* asegura que, de la lista de las cien personas más ricas del mundo, el 32 % no tienen titulación superior. Por tanto, su carencia no es un impedimento, aunque seguro que han invertido tiempo y dinero en su formación personal y profesional (al final del libro encontrarás historias de personas reales que también lo han logrado).

2. La libertad prometida

Nos preparan para ganarnos la vida, generalmente a partir de los seis años. Estudiamos de media desde esa edad hasta los 18 años y después vamos a la universidad 4-7 años más, según la carrera elegida, y concluimos con un máster o doctorado. Otra opción consiste en decantarse por la formación profesional a partir de los 16-18 años, en la que invertimos también 2-4 años. Con esto quiero decir que dedicamos muchos años de nuestra vida a formarnos para poder mantenernos económicamente con la producción de nuestro trabajo.

Además del tiempo, hay que tener en cuenta el dinero invertido en esta formación, pues varía si los estudios son públicos o privados, así que puede oscilar entre los 5000 y los 25 000 € en la primera etapa y los 40 000 y los 100 000 € en la etapa universitaria en España. Y en el extranjero esto se multiplica.

Y lo tenemos asumido como normal: para ganarnos la vida y desempeñar cualquier profesión, hemos de obtener una formación fundamental, que después mejorará con la práctica. Entonces, ¿por qué no entender desde el principio que, si queremos emprender, son totalmente necesarias las formaciones en múltiples áreas, la inversión de tiempo y dinero y la búsqueda de los recursos necesarios para lograrlo y que promete libertad?

3. Aprender para emprender

Hay dos maneras de formarse como emprendedor. La primera es tener formación que pueda ayudarte a iniciar un negocio, como estudios en Administración y Dirección de Empresas, Marketing y Gestión de Productos, Economía y Finanzas, *Digital Business* o Relaciones Públicas o participar de un negocio familiar, y a partir de ahí continuar formándose. La segunda consiste en tener un impulso interno y ganas de emprender, tirarse a la piscina y estudiar e invertir todo lo necesario para convertirse en un experto de nuestro propio negocio.

Para pasar de ser un empleado a un emprendedor de éxito, debes aprender ciertas materias, como técnicas de comunicación, liderazgo, digitales, de ventas, marketing, finanzas, gestión del tiempo, desarrollo personal/empresarial y habilidades específicas para tu negocio.

Como he explicado en el capítulo anterior, en el MLM hay habilidades básicas, imprescindibles y necesarias: conocer la industria en la que vas a emprender y la compañía elegida; aprender a vender tu modelo de negocio, tu producto/servicio, y conocer técnicas orientadas a la captación y fidelización de clientes, sabiendo identificar sus necesidades y ofrecerles tus soluciones y técnicas para atraer a tu equipo a nuevos emprendedores que quieran unirse a tu proyecto. Tendrás que hacer todo esto físicamente y en Internet, porque actualmente no se entiende un negocio donde su dueño no tenga conocimientos digitales; parte de tu negocio estará en la Red, y el *social media* será una herramienta de lo más importante. En general, los aspectos que te salvarán de todas las situaciones negativas serán el tiempo y el dinero que inviertas en formarte, desarrollando las anteriores habilidades, mientras que la catapulta que te impulsará al éxito será el desarrollo personal en cuestiones como la persistencia, la empatía, la disciplina, la confianza, la autoestima, el compromiso o la motivación.

Yo he ido aprendiendo por el camino; me ayudó mi carrera como profesional de la publicidad y la comunicación, pero el don de la palabra y cierto grado de independencia ya venían en el ADN. No obstante, entendí desde el principio que tenía que formarme en disciplinas que desconocía, esforzarme en superar deficiencias y crecer como persona.

En todos estos años he invertido mucho tiempo y dinero en formarme y prepararme. Descubrí el *coaching* para el desarrollo personal y que el trabajo interno de autoevaluación y superación era la herramienta que me faltaba y que necesitaba para poder crecer e inspirar a otros, para ayudarles a lograr sus metas y, de verdad, ser un agente para el cambio.

He aprendido mucho, desde los fantásticos 19 años con Jim Rohn, que te he mostrado en el capítulo 5, así como formación en PNL y varias certificaciones internacionales, como Business Coach; me he formado con Paul J. Meyer y Tony Robbins, y a esto hay que añadir mi experiencia de cientos de horas de prácticas ayudando a construir emprendedores e impartiendo formación y conferencias por todo el mundo. Esto forma parte de mi trayectoria.

Basándome en mi experiencia, considero que las empresas y los líderes del MLM tenemos como responsabilidad ofrecer de manera clara, sencilla y duplicable planes de acción para que tanto los nuevos distribuidores como los más veteranos sepan qué hacer para lograr sus objetivos.

En el siglo XXI el negocio del MLM hay que actualizarlo y diseñarlo de acuerdo con la empresa, los productos y servicios, el país, la cultura y la demanda de resultados fiables y comprobables.

4. Actualizando el negocio

Los principales problemas a los que se enfrentan hoy los distribuidores son:

- No disponer de un flujo continuo de prospectos.
- Carecer de un sistema efectivo de duplicación.
- No tener un plan de trabajo —horario, tiempo de dedicación, estrategia, planificación, evaluación y control— que les permita saber qué deben hacer en su negocio en cada momento.
- Faltarles preparación/formación.
- No tomar en serio esta actividad como un negocio.

Básicamente este es el problema, agravado por el antiguo discurso de «coge tus productos, habla con tu familia y amigos y véndelos». Cada vez más, cuando un prospecto nuevo se une a un negocio de MLM, lo primero que dice es: «No pienso contar con mi familia y con mis amigos; no los voy a perseguir», aunque otros no tienen ningún problema en hacerlo.

Después de más de treinta años de analizar, estudiar y trabajar personalmente en esta industria, considero que es imprescindible cambiar la antigua estructura y dotarla de argumentos actualizados, así como de estrategias y tácticas profesionales para las diferentes generaciones. Así podremos proporcionar a los distribuidores soluciones a los problemas antes enunciados, con herramientas, formaciones, etc. Se necesita el rejuvenecimiento de ideas y de integrantes.

Para ello se precisa innovación en todas las áreas, formación en habilidades digitales y comerciales, garantía del conocimiento del negocio bajo los conceptos de globalización, mayor formación académica gracias a un constante esfuerzo formativo y una explicación desde el principio de que los resultados apreciables vendrán en los 6-12 primeros meses y de que los ingresos más interesantes serán el resultado de un trabajo serio de entre tres, cinco y diez años.

Penélope, mujer de Ulises, dueña de su vida, cuidadora del patrimonio familiar, en ausencia de su marido, que estaba en la guerra de Troya, ideó un plan inteligente para conseguir su objetivo: no casarse con ninguno de los pretendientes que la acechaban, presuponiendo que Ulises estaba muerto. Tejía una mortaja por el día y la destejía por la noche: es el arquetipo de quien tiene un plan y lo pone en marcha. La paciencia, la astucia, la lealtad, la persistencia, el compromiso y el trabajo para conseguir el logro son habilidades muy necesarias para cumplir tu objetivo como emprendedor en el MLM.

5. Método Emprendizaje Max para el éxito de nuevos emprendedores

«Emprendizaje Max» fusiona dos conceptos: emprender y aprender. Emprender para el éxito en tu negocio y aprender para el éxito en tu negocio y en tu vida, porque cuando eres emprendedor autónomo e independiente, tu vida y tu negocio se fusionan.

¿Qué es emprendizaje?

Es aprender para emprender, un método donde descubrir tus capacidades innatas para convertirte en la mejor versión de ti mismo. Es todo lo que necesitas para descubrir tus talentos personales, tus capacidades empresariales, trazarte una hoja de ruta y ponerte en marcha para monetizar tu éxito personal al máximo rendimiento.

Basándome en mi dilatada experiencia en la industria del MLM, he desarrollado un plan único personalizado para cada realidad empresarial e ideado para ayudar a emprender, para hacerlo con coraje y sin miedo en nuevas oportunidades y alternativas, recursos personales, emocionales y profesionales y redefinir retos y desafíos durante el camino.

Es un método probado en el que conocerás de la A a la Z todo lo que tienes que hacer más allá de prospectar, vender y patrocinar. Aprenderás cómo enfrentarte a los retos, ponerte tus propias metas, trabajar tu propio desarrollo personal, adaptarte a los nuevos tiempos digitales y llevar tu negocio al siguiente nivel.

Has de hacer un puente para el futuro, para que la mente haga la asociación placer/dolor, qué gano, qué pierdo, etc.; interrumpir patrones negativos, resistencia a lo nuevo, la queja, el sentimiento de víctima, etc.; acabar con las creencias limitantes, el miedo, el «yo no puedo», «no seré capaz», la baja autoestima, etc., para tener el control de ti y de tu situación. Es lo mismo que sucede cuando en un mapa tienes dos puntos: dónde estás y dónde quieres ir. Para eso necesitas «aprender como...», requieres emprendizaje. Tendrás que trabajar tus debilidades para convertirlas en fortalezas.

Los tres perfiles del emprendedor

Dentro del mundo laboral y empresarial, se identifican tres personalidades que modifican el resultado:

1. **Técnico.** El que se remanga las mangas y se pone a trabajar.
2. **Gerente.** El que dirige el método y lo supervisa.
3. **Visionario.** El que diseña el proyecto, las estrategias y las tácticas efectivas, innova constantemente y cuya visión está puesta en resultados a futuro.

En muchas ocasiones hay una mezcla de ellos, pero te será fácil analizarte según tu manera de trabajar. ¿Qué personalidad es la tuya?

Nunca olvides que no es un fracaso no alcanzar tus objetivos; sí lo es no intentarlo.

El viaje de empleado a emprendedor

Un año de Emprendizaje Max es básico para los que comienzan. Se trata de unir esa brecha desde que comienzas tu negocio con mentalidad de empleado hasta que poco a poco vas aprendiendo habilidades que te convertirán en un empresario, capaz de crear, gestionar y hacer crecer un negocio, aunque nunca lo hayas hecho.

El método está concebido para desarrollarlo durante 365 días divididos en cuatro planes de noventa días cada uno. Cada trimestre acometerás diferentes temáticas; trabajarás sobre los diez pasos para comenzar tu MLM del capítulo anterior, enfocado en superar los problemas que surjan y solucionarlos, mientras cada distribuidor realiza su propio plan personal.

6. Cuatro planes de noventa días

Primer trimestre. Los básicos para comenzar y tu «método diario de operaciones»

Durante los primeros noventa días, el nuevo distribuidor debe aprender lo necesario para comenzar a desarrollar su nueva actividad y ponerla en práctica. Definirá sus objetivos personales respecto al tiempo dedicado a su actividad y los económicos en función de los anteriores. Se trata de los pasos fundamentales para comenzar tu MLM explicados en el capítulo anterior:

- La industria multinivel, la empresa a la que te has afiliado
- Los productos y servicios que vas a comercializar
- El sistema de compensación
- El plan de marketing y ganancias
- La Venta Directa y el servicio al cliente
- La atención personalizada
- El patrocinio y la duplicación
- El comienzo de tu equipo
- La generación de resultados
- EL volumen de negocio

También deberás conocer los sistemas de apoyo que te ofrecerán la empresa y tu patrocinador, así como las herramientas analógicas y digitales necesarias para comenzar a prospectar clientes y posibles distribuidores (un método diario de operaciones —MDO— es excelente). La inauguración de tu negocio, sea virtual o presencial, debe ser el pistoletazo de salida. Además, debes contar con un método de operaciones y herramientas afines a tus objetivos.

Se te facilitará mucha información y tendrás que dedicar horas a la formación en todas esas materias. Y es imprescindible la práctica para consolidarlo y saber cómo cambiar poco a poco el paradigma de empleado a emprendedor de tu nuevo proyecto. Pero no te abrumes porque, aunque parece demasiado, la intensidad, el tiempo, la dedicación, los horarios y el compromiso los decides tú.

Lo ideal es que tu patrocinador te guie y te oriente; también puedes tener un mentor, un *coach* que supervise tu proyecto y tus avances cada semana o mes.

Segundo trimestre. Practicar, practicar y practicar

En él se trabaja con las herramientas de prospección elegidas, tanto las *online* (*social media*, *e-commerce*, etc.) como las *offline* (contactos personales y otros). Cada compañía tiene sus métodos de operaciones, su propio protocolo de actuación, guiones e instrucciones. El objetivo será trabajar con las herramientas y estrategias de alto impacto elegidas, las que ayudan al crecimiento de clientes y distribuidores, y practicarlas hasta dominarlas.

Planificación, control y resultados

Se necesitan controles para no malgastar el tiempo, que es la mayor perdición de los emprendedores que no gestionan el período de trabajo de forma adecuada. La revisión de los resultados diarios, semanales y mensuales es totalmente necesaria para la evaluación en el proceso de consecución de objetivos.

Cuaderno de evaluación y control

Deberás tener un cuaderno de trabajo y control de resultados, imprimirlo y encuadernarlo (puedes descargarte esta plantilla en la pág. 215). O diséñalo a tu gusto: días, horarios, herramientas o métodos diarios de operaciones que uses para el desarrollo de tu actividad. Si no lo rellenas todos los días, no avanzarás: necesitas saber tus números para monitorizar tus resultados.

De lo anterior hay que resaltar la necesaria predisposición del distribuidor para aprender, así como la inclusión de su talento como un elemento indispensable para el funcionamiento de cada modelo, además de la actitud y la determinación de alcanzar el objetivo principal, que es generar dinero.

Tercer trimestre. Estrategias y tácticas

Después de seis meses de formación y trabajo iniciales, es el momento de revisar la estrategia y la táctica:

- **Estrategia.** Es el resultado de algo hecho una y otra vez. Hay que revisar qué estrategia estás utilizando para atraer a clientes y distribuidores y también los métodos diarios de operaciones que emplees para el desarrollo de tu actividad. Debes mejorar tus habilidades para alcanzar niveles superiores.
- **Táctica.** Si es correcta, ganarás batallas; si no, puedes perder alguna. Pero si la estrategia no es la idónea, perderás la guerra.
- **Estructura.** Se trata de los cimientos. Este negocio no es minorista; es MLM. Se trata de gente, de círculos de influencia, de contactos conocidos o desconocidos, de *social media,* de *funnels* de ventas, etc. Los resultados llegan a través de la gente; sin esta no hay negocio, no hay clientes, no hay equipo. En función de la cantidad de gente que atraemos al negocio y de nuestra preparación, tendremos éxito; sin gente no hay clientes ni *royalties* ni cheque a fin de mes. Solo es un juego de números: auméntalos y aumentarás tu negocio.

Necesitas un sistema de trabajo coherente, serio, duplicable y constante. Solo se trata de continuar con una acción masiva y permanente; precisas saber cuántos «noes» requieres para llegar a un «sí».

Cuarto trimestre. Evalúa, proyecta y sueña

Continuamos con las actividades del tercer trimestre y evaluamos el plan. Hemos cambiado lo que no funcionaba y haremos el proyecto para el siguiente año: *vision board* (panel de sueños del negocio de MLM). Es importante hacerlo, pues plasmas en él tus proyectos (puedes descargártelo en la pág. 215).

Lo más importante: nunca pierdas de vista al cliente

Según Philip Kotler, padre del marketing moderno, los cinco pasos que atraviesa el consumidor hasta convertirse en cliente satisfecho son los siguientes: 1) presta atención a lo que le interesa; 2) siente atracción por algunos productos, de los competidores y de los tuyos; 3) hace una investigación, *online* en mayor medida que *offline,* o ambas, para decidirse; 4) compra la oferta más conveniente, comparando precio, calidad y atención personalizada, y 5) el proceso termina con su fidelización, pero solo si las ventajas y la atención cumplen sus expectativas, o no repetirá.

Para el crecimiento del negocio y de los distribuidores debemos estudiar el marketing omnicanal que Kotler[1] propone en sus libros e implementarlo en nuestra actividad, que consiste en «la integración de múltiples canales de venta para ofrecer al consumidor una experiencia completa y coherente». El marketing omnicanal está creciendo a gran velocidad y se está convirtiendo en una práctica generalizada.

Para la duplicación y el desarrollo del MLM en el siglo XXI, la fórmula ideal es utilizar todos los canales para atender a nuestros prospectos, clientes y distribuidores, ofreciéndoles la mejor experiencia personal y digital. No podemos olvidar que el nuestro no es solo un negocio de venta de productos y servicios; nosotros vendemos soluciones, pero fundamentalmente se trata de un negocio de venta de oportunidades para lograr la independencia financiera.

Después de un año de trabajo, si has seguido el plan dividido por trimestres como te he enseñado y le has dedicado el tiempo prometido al trabajo y la formación, tendrás resultados y estarás muy satisfecho con tus logros.

En conclusión, el negocio del MLM ha sido, es y será un proyecto de gente; atraer a la mayor cantidad de personas a tu negocio es el objetivo principal; aprovechar las nuevas tendencias y tecnologías será imprescindible en un mundo cambiante y en transformación continua.

7. Cuídate de los miedos y del fracaso

«Multinivel» significa para muchos éxito, para muchos, fracaso. ¿Cuál es la diferencia? Las estadísticas afirman que el 90 % de las personas que fracasan en los negocios multinivel ni siquiera lo han intentado en serio y que, en el caso de los que lo han intentado y no lo han logrado, la razón es no haber perseverado lo suficiente en áreas fundamentales del negocio y de su personalidad.

En este negocio hay un índice de fracaso y de frustración, como en todos los sectores y profesiones; a veces las expectativas son altas y los resultados pequeños. Pero he comprobado que la mayoría de las veces el fracaso es responsabilidad personal por falta de compromiso y muy pocas por temas que no dependen de ti. Solo tienes que encontrar la manera de enfocar esta actividad con disciplina, compromiso, persistiendo y con la mejor actitud.

Tenemos miedo al fracaso personal, a lo desconocido, al éxito, a ganar dinero y a perderlo, a salir de la zona de confort... Se trata de miedos, miedos y más miedos que paralizan nuestra vida. Primero es el reto y el desafío, pero si no te enfrentas a ello, llegará el fracaso. ¿Y qué pasa cuando fracasas? Parece un mal endémico en Europa y en España; sin embargo, fracasar en EE. UU. se valora mucho porque demuestra que alguien se atrevió a arriesgarse y adquirió experiencia para volver a empezar.

Como ya te he dicho, nunca olvides que no es un fracaso no alcanzar tus objetivos; sí lo es no intentarlo.

No importa si estás comenzando, eres nuevo y necesitas saberlo todo (qué hacer, cómo empezar y cómo tener resultados en este negocio) o si ya llevas un tiempo, porque a veces es necesario parar y revisar lo que podemos cambiar o implementar. Ponte en marcha para construir tu negocio. Lo que sigue tendrás que aprenderlo, practicarlo y dominarlo. Y no olvides esta frase: «Si quieres aprender a patinar, lo primero que te enseñan es a caerte».

8. Aprendizaje para el desarrollo personal y empresarial

Como te he explicado antes, durante el viaje de mi vida he dedicado muchos años a la investigación, el estudio y la práctica de diferentes técnicas para crecer con un solo objetivo final: poder tener mi propia experiencia personal en ellas. No es que todos los cursos, técnicas y métodos para crecer funcionen siempre para todos; lo que yo quiero creer es que, si funcionan para mí, quizás lo hagan también para ti.

Con frecuencia la falta de algunas habilidades, las creencias limitantes y los miedos a lo desconocido y a los cambios nos impiden tener resultados e ir con confianza detrás de nuestros sueños; debemos saber que un sueño que no se pone en acción es solamente una ilusión.

Te quiero ofrecer una técnica, muy sencilla, práctica y efectiva, que logrará grandes cambios en tu vida si tienes la confianza y la persistencia para comprobar sus resultados. Está basada en mi propia experiencia personal.

Técnica: 15 minutos para el cambio

Es un método para poner en práctica durante 21 días; solo te llevara 15 min diarios y tendrás que realizar tres ciclos seguidos, es decir, en total 63 días.

La finalidad de esta técnica es tener el poder de cambiar una realidad en tu subconsciente, grabar la nueva situación que deseas y crear el cambio, o sea, la nueva grabación. El propósito es que durante la práctica de los primeros 21 días se convierta en un nuevo plan que te acercará más a tu objetivo, en un nuevo hábito; será una reprogramación de tu subconsciente. Durante los siguientes dos ciclos de 21 días, la nueva grabación se fortalecerá, se concretará y se automatizará en poco más de sesenta días. Los resultados son sorprendentes: hemos sustituido en nuestro subconsciente una grabación por otra de manera consciente y, según nos sugiere la neurociencia, lo único que necesitas es disciplina.

«Es tan sencillo de hacer, que también es muy sencillo de no hacer».

JIM ROHN

Aunque te parezca increíble, yo comencé con este método cuando apenas tenía cinco años; solo ya de mayor tomé conciencia de que durante toda mi vida y de una manera innata hacia lo mismo: cuando tenía dificultades y quería cambiar la realidad o tenía un objetivo en mente, cerraba los ojos y reprogramaba la situación.

Mi infancia no fue fácil y en aquellos momentos amargos algo en mí me incitaba a la evasión, a cambiar mi realidad, y por eso me inventé una escoba mental. Sí, una escoba de barrer el suelo. Ante las situaciones dolorosas, cerraba los ojos y me imaginaba una escoba que entraba por la parte derecha de mi cabeza y salía por la parte izquierda, barriendo y eliminando esa escena, ese dolor, esa situación. Y esta escoba barriendo la escena la visualizaba muchas veces hasta que desaparecía de mi mente. Luego imaginaba la escena opuesta como si no hubiese sucedido la anterior, y solo veía a mi familia con luces de colores y que yo era muy feliz. Esto se convirtió en un hábito, no sé por qué ni el origen. Pienso que fue un arma de defensa infantil, pero os aseguro que fue tremendamente efectiva.

Con el paso de los años, en mi búsqueda interior mejoré la técnica, y hoy te la ofrezco para que puedas influir en tu subconsciente y reprogramar situaciones que no te gustan y que quieres cambiar. Es tan sencillo como dedicar 15 min al día.

«Para que tu vida cambie, tú tienes que cambiar».

JIM ROHN

Durante mucho tiempo escuché que, para fijar hábitos y reprogramar objetivos, se necesitaban 21 días, pero a mí siempre me pareció poco. Por eso, desde hace muchos años siempre hice y recomendé tres ciclos, o sea 63 días. Mi sorpresa fue que, pasado el tiempo, encontré en Internet que un estudio británico llevado a cabo en el University College de Londres afirma que hacen falta 66 días para que se cree un hábito y pueda mantenerse durante años. Me pareció muy revelador y sorprendente, ya que era casi exactamente lo que yo pensaba.

Esto significa que, si repites algo, lo que sea, físico o mental, cada día en la misma situación, se convierte en una reacción automática ante dicha situación por la plasticidad cerebral, explica Jane Wardle, coautora del mencionado estudio, que se publicó en la revista *European Journal of Social Psychology*.

... Pues comencemos:

Práctica: Diseña o cambia tu realidad

15 min × 21 días × 3 ciclos seguidos = 63

Hay tres pasos para comenzar con el método:

- **Paso 1.** Decide qué quieres conseguir, cambiar, mejorar o borrar. Escríbelo:

  ....

- **Paso 2.** Identifica a qué área de tu vida pertenece: trabajo, negocios, dinero, prosperidad, salud, familia, amigos, amor, pareja, afectos, etc. Escríbelo:

  ....

- **Paso 3.** Describe lo que no te gusta de la situación actual y programa ampliamente la situación opuesta en positivo y en presente. Escríbelo:

  ....

Busca un lugar tranquilo: tu casa, tu trabajo, tu jardín; incluso tu coche o tu baño. Cierra los ojos. Concéntrate en la pantalla de tu mente y visualiza tu propia escoba mental (puede ser mi escoba o una nube, un paño, un plumero, una pluma, una goma de borrar, etc., algo que se adapte a tus gustos y que te haga sentir bien). Concéntrate en cómo entra por tu derecha y sale por la izquierda de tu cabeza, borrando y haciendo desaparecer la situación, el recuerdo, la escena en cuestión. Hazlo tantas veces como sea necesario y poco a poco se disolverá como un azucarillo y desaparecerá; los primeros días te costará un poco más, pero verás que es sencillo y que funciona.

A continuación, cuando haya desaparecido, empieza a imaginar la nueva escena, tu creación, tu decisión, tu objetivo, tu meta. Diséñala con todo tipo de detalles; imagínala como si la vieras en la pantalla de cine y recréate en ver tus nuevos resultados. ¡Funcionará!

Pero no lo olvides: tiene que ser todos los días durante 15 min y durante 21 días seguidos (no importa la hora). Si un día se te olvida o no puedes hacerla por cualquier razón, tienes que comenzar con el primer día de nuevo.

Como refuerzo, durante la práctica incluye la mayor cantidad de sentidos para crear un anclaje a tu decisión:

- Tacto: escribe tu objetivo (en una frase, 21 veces todos los días).
- Olfato: únelo a un aroma o perfume que te guste.
- Oído: escucha una música o la grabación de tu trabajo.
- Vista: imaginar es ver; busca una foto que te lo recuerde.
- Gusto: en ese momento decides; recuerda un sabor que te guste y relaciónalo.

Además, tu salud se beneficiará de la relajación y la meditación de 15 minutos diarios. Cuando tenemos grandes sueños, solo podremos materializarlos si los convertimos en metas, las metas en objetivos y los objetivos en planes para lograrlos.

10

ULISES, ZEUS Y EL PODER

Método Emprendizaje Pro para el triunfo de héroes y líderes

«¿Qué es un héroe? El héroe es la persona que tiene la valentía de ayudar a los demás incluso en las circunstancias más adversas».

TONY ROBBINS

1. Emprendizaje Pro, *coaching* para líderes

Este proyecto está dirigido a emprendedores de MLM que tienen que liderar equipos, así como a los que ya llevan un tiempo con su negocio, conocen todo lo básico para desarrollarlo, saben cómo crear carteras de clientes, los fidelizan y acompañan y patrocinan todos los meses a nuevos distribuidores, pero no están satisfechos con sus resultados, no saben qué les falta, quieren acelerar su proceso o descubrir qué habilidades necesitan aprender o mejorar para cumplir sus objetivos y pasar al siguiente nivel.

Sin lugar a duda, con tantos años de experiencia, puedo asegurar que la clave de las claves para el éxito en tu vida y en tu negocio es el desarrollo personal a través del autoconocimiento: convertirte en esa otra persona capaz de desarrollar cualidades que mucha gente ni se interesa en conocer.

El desarrollo personal no es leer un libro y recitar alguna frase como un papagayo, sino un trabajo profundo y serio de renovación interior. Los libros aportan información, los cursos y talleres dan formación y tu práctica personal produce transformación.

Desde los 25 años he sentido la necesidad de saber más y de crecer como ser humano; me he interesado en temas y estudios que fueran útiles para mis objetivos. Colegios y universidades aportan conocimientos para ganarnos la vida (historia, matemáticas, física, medicina, fontanería, etc.), pero difícilmente enseñan inteligencia emocional, resiliencia, economía, manejo del dinero, cómo superar creencias limitantes, alimentación y vida sanas, relaciones sociales, principios para emprender y otras tantas materias útiles para la vida diaria.

Como no me enseñaron estas materias en mi infancia ni en mi juventud y pronto comprendí que las necesitaba para mi vida y mi negocio, tuve que buscar las formaciones y a los maestros. Para ello invertí mucho tiempo y dinero en este proyecto, que en definitiva es mi proyecto personal de vida y que consiste en crecer.

Ya os he hablado de mi mentor, Jim Rohn; en este capítulo lo haré de Paul J. Meyer y de Tony Robbins, porque desde hace muchos años leo sus libros, he asistido a muchas de sus formaciones y practico sus enseñanzas. También, en mi búsqueda por aprender para crecer y enseñar, he tenido el privilegio de conocer a personas extraordinarias que me han enseñado mucho, como Lou Tice, Stephen Covi, Robin Sharma, Fernando Moreno, Lair Ribeiro, Joe Vitale, Mabel Katz, Mario Alonso Puig, Álex Rovira, Joe Dispenza, Tino Fernández[2] (gran amigo, experto en *coaching* estratégico y excelente formador de *coach*), entre otros. Mis estudios en programación neurolingüística (PNL) y de *coaching* estratégico me ayudan en mis propósitos.

El método Emprendizaje Pro está diseñado para profesionales, creado para desarrollar esas cualidades necesarias para triunfar en lo que hagas en la vida, porque se trata de practicar y practicar durante el tiempo necesario hasta lograrlo. De este modo, podrás poner en acción las ideas de Meyer y de Robbins, a las que yo he añadido mi experiencia personal en la industria del MLM y la práctica adquirida durante muchos años con éxito demostrado.

2. El secreto: *coaching* para tu éxito personal y empresarial

En la década de los noventa conocí a Paul J. Meyer, otro de los grandes en el campo del desarrollo profesional y empresarial; escritor, orador y experto en liderazgo. Impartía cursos y conferencias en su sede en Waco, Texas, y era contemporáneo de Jim Rohn, pues los dos nacieron en la década de 1930 y ambos fallecieron el mismo año, 2009. Meyer fundó el Instituto de Motivación para el Éxito (SMI por sus siglas en inglés), del que adquirí una membresía y en el que me formé para poder impartir sus enseñanzas en España y Portugal con uno de sus representantes en España, Claudio Argüelles.

De Meyer aprendí ejercicios prácticos para alcanzar metas personales, a aumentar la productividad y a trabajar la gestión del tiempo, así como uno de los mejores métodos que he conocido, que mejoran notablemente los resultados y que practico y enseño hasta hoy: «la rueda de la vida». Esta la utilizan muchos *coaches* que se la adjudican como propia o se la descargan de Internet, pero no: el creador fue Meyer y yo tuve la suerte de aprenderla directamente de él.

«El éxito es la realización progresiva de metas predeterminadas, personales y que valen la pena».

PAUL J. MEYER

3. Tres ideas que aprendí de Paul J. Meyer

La rueda de la vida de tu negocio multinivel

Basándome en la rueda de la vida de Meyer, he diseñado una adaptada exclusivamente al negocio multinivel, un análisis práctico que te ayudará a analizar de forma visual la situación de la vida de tu negocio en las diferentes áreas, lo que te permitirá crear un plan de acción. Hace años que lo enseño en mis conferencias y talleres.

¿Para qué te sirve? Con ella puedes hacer un autoanálisis para identificar qué áreas de tu negocio necesitas mejorar, impulsar o simplemente cambiar. Es superútil en el contexto de un negocio porque, de una manera gráfica y visual y solo en un par de horas, tendrás un diagnóstico e información sobre por dónde empezar. El desarrollo es el siguiente:

1. Dibuja un círculo en un papel con diez segmentos o áreas como te muestro en el gráfico (lo puedes descargar en la pág. 215).
2. Adjudica un nombre a cada sección:

   Prospectos/Patrocinio

   Ventas/Clientes

   Equipo/Organización

   Herramientas/Negocio

   Liderazgo

   Comunicación/Hablar en público

   Aprendizaje/Formación

   Finanzas/Beneficios económicos

   Compromiso/Disciplina

   Motivación/Pasión

3. Verás que cada línea está dividida de 0 a 10; tu trabajo será puntuar en qué nivel sitúas cada área de tu negocio en términos porcentuales, es decir, 0 es 0 % de satisfacción y 10 es 100 % de satisfacción.
4. Une los puntos de cada área y verás qué forma de rueda se ha dibujado.
5. Estudia y analiza la forma de tu rueda.
6. Decide qué es lo más urgente y por qué área quieres comenzar.
7. Diseña un plan con estrategias y tácticas para cada área a corto, medio o largo plazo.

De este modo, tendrás un análisis visual de tu negocio actual y de cómo analizarlo.

Rueda de la Vida de tu negocio multinivel

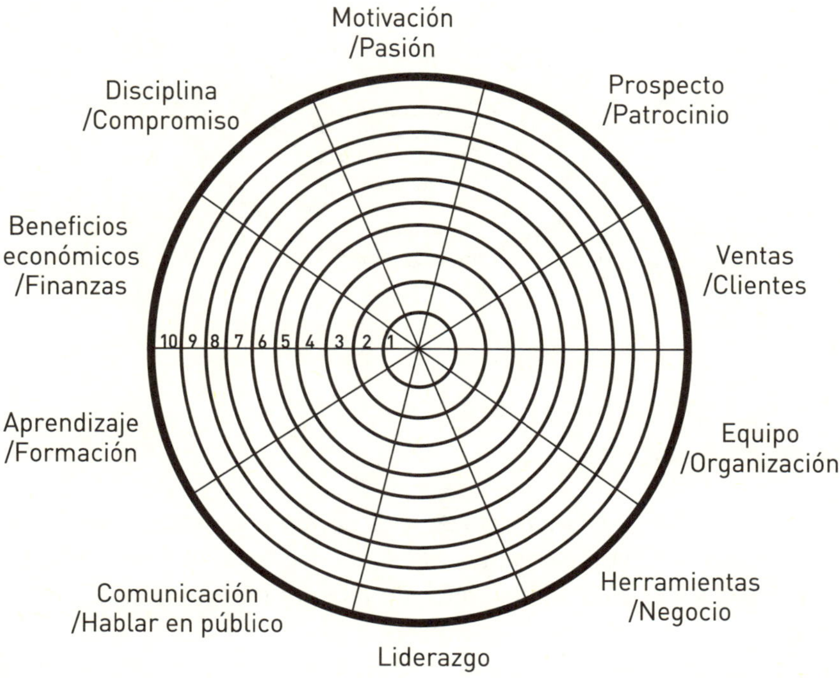

Este esquema te aporta una visión general de tu negocio. Analiza los parámetros porcentuales de cada área, y de estas, las que te satisfacen y las que tienes que corregir o mejorar, y elige las tres más importantes para diseñar un plan y progresar.

Ejemplo real de la Rueda de la Vida del negocio de un distribuidor

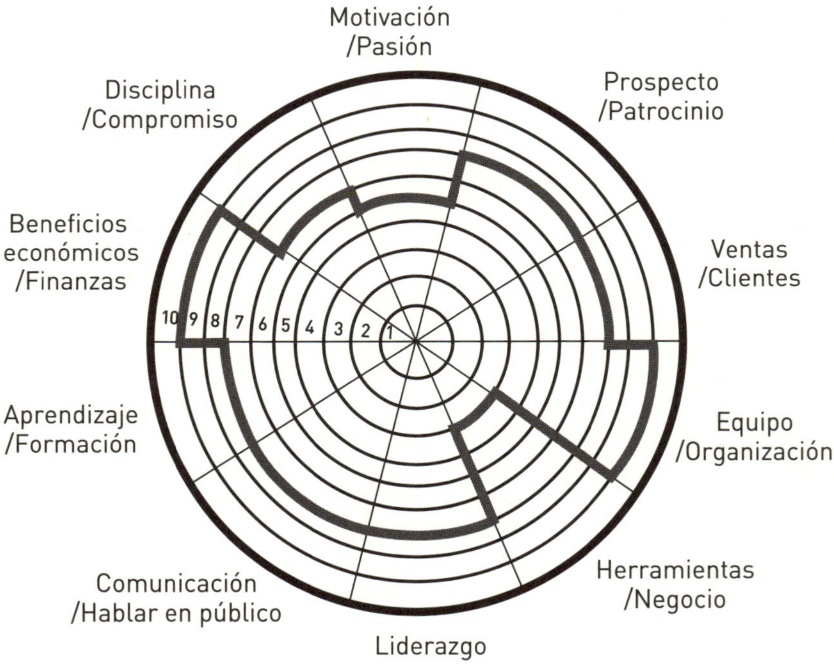

La fijación de metas personales y profesionales

Es una técnica para materializar y direccionarte rumbo a tus aspiraciones. Lo repiten diferentes maestros del desarrollo personal: no basta con saber qué quieres; hay que saber por qué lo quieres, cómo lo quieres y, luego, cuándo lo quieres.

Después de haber realizado el ejercicio de la rueda de la vida de tu negocio, seguro que ya has elegido tres metas que quieres lograr y en orden de prioridad. Ponlas ahora por escrito.

Es el momento de comenzar el trabajo y necesitas un plan de acción; elige una meta, la más importante para ti en estos momentos, y pásala por los siguientes filtros para convertirla en una meta *smart* o inteligente (este nombre lo acuñó George T. Doran). *Smart* es el acrónimo en inglés de especifico, medible, alcanzable, relevante y temporal.

1. Tiene que ser específica y concreta y debes ponerla por escrito.
2. Debe ser personal, tu propio objetivo y medir los progresos.
3. Has de escribirla en positivo, en presente y debe ser posible.
4. Tiene que ser importante y alcanzable, pero que constituya un desafío.
5. Debes tener una fecha de logro, hacer los cambios de actitud y trabajar un plan para lograrla.

El poder de las afirmaciones, la visualización y la emoción como método de anclaje

Según la neuropsicología, una afirmación positiva sostenida en el tiempo es un trabajo de autosugestión que activa la mente y lucha contra las reacciones negativas que se oponen al logro. No es magia, sino un proceso que nos ayuda a ver cómo interpretamos la meta que queremos, enviando información a nuestro cerebro y creando una red neuronal que se llama *neuroplasticidad*[3]:

- **Las afirmaciones.** Pueden modificar pensamientos, actitudes y comportamientos; con la técnica de repetición consciente y espaciada en el tiempo, podrás obtener resultados sorprendentes. A diario y varias veces al día (no menos de tres), relájate y lee las afirmaciones que has redactado por escrito para cada meta. Hazlo en solo una frase, en positivo y en presente; también puedes grabarlas y escucharlas.
- **La visualización.** Con la ayuda de tu imaginación consciente, podrás diseñar los logros y las metas, visualizándolos tal como quieres que sucedan. Relájate, cierra los ojos durante unos minutos y, como si de una película se tratase, visualiza tu meta ya alcanzada con todos los detalles, como hacen los deportistas. Esto implantará en tu subconsciente la realidad de tu meta conseguida.

- **La emoción positiva.** Después de elegir una meta, escribir las afirmaciones y visualizar el resultado, lo último que falta es imprimir todo el proceso por la energía del sentimiento y la emoción interna:
  - La lectura representa el 10 % de fijación en el subconsciente.
  - Lectura e imagen representan el 55 % de fijación en el subconsciente.
  - Lectura, imagen y emoción representan el 100 % de fijación en el subconsciente.

Esta técnica es de mucha ayuda para apoyar mental y emocionalmente las acciones que pongamos en marcha, para lograr las metas y objetivos que queremos mejorar, resultantes de nuestra rueda de la vida del negocio de MLM.

La dinámica de la gestión del tiempo

El tiempo es el mayor tesoro que tenemos y es finito. ¿Cuánto vale tu tiempo? Gestionar en qué, dónde y con quién lo inviertes es vital para la consecución de metas.

Anota la cantidad total de tus ganancias anuales y divídelas por las 8760 h que tiene un año y obtendrás cuánto vale tu hora. Si luego lo divides por 525 600 min, tendrás lo que vale cada minuto de tu tiempo. A partir de ahora serás más consciente de en qué lo gastas o en qué lo inviertes.

Las actividades de alta y baja rentabilidad

Una vez que tienes el valor de tu tiempo, elabora algunas listas con todas las actividades que realizas a diario. Hazlo durante varios días y así sabrás qué actividades haces que valen menos de tu tiempo y cuáles valen más.

Gráficos, listas y agendas con prioridades son fundamentales para gestionar tu tiempo.

Además de estos trabajos de *coaching* empresarial, hay un valor añadido, un plus para materializar con total seguridad tus metas y crecer: pon fecha a tu objetivo y se convertirá en una meta; divide esta en pasos intermedios y tendrás un plan, y si a este lo ayudas con trabajo, tu objetivo será una realidad.

Si no te pones en marcha, en acción, de nada te servirá la teoría; debes diseñar un proyecto serio que te llevará por la ruta que acabará con la brecha entre el deseo y el logro.

> **«La productividad no es un accidente. Siempre es el resultado de un compromiso con la excelencia, planificación inteligente y esfuerzo concentrado».**
>
> PAUL J. MEYER

4. Tony Robbins, el discípulo de Jim Rohn

Conocido como el gran gurú de la motivación, en la actualidad es el *coach* motivacional número 1 del mundo. Cuenta en su historia que después de vender los seminarios de Jim Rohn y aprender muchas de sus estrategias y principios sobre la excelencia, el éxito y los valores de la vida, comenzó a vender sus propios seminarios, también basados en la programación neurolingüística y en el *coaching* estratégico de los noventa. Fue asesor de celebridades como Bill Clinton, Nelson Mandela, Donald Trump, Andre Agassi, Michael Jordan o la princesa Diana, según comparte en uno de sus libros.

Le conocí a finales de la década de los noventa y me interesó porque fue discípulo de Jim Rohn, quien fue su mentor personal y a quien ayudaba a promover sus seminarios. Tony siempre comenta en sus cursos que, después de conocer a Rohn, su vida nunca fue la misma. Me lo creo completamente porque, como has visto en el capítulo 5, durante los 19 años que tuve el privilegio de conocerlo a mí me pasó lo mismo.

Fue en Florida en 1997, en un seminario maratoniano de varios días, donde escuché por primera vez a Tony Robbins. Después he participado en varios de sus cursos a lo largo de los años, adoptado muchos de sus principios y conocimientos y «cruzado las brasas». Sí, esa herramienta de alto impacto que te ayuda a superar tus miedos. Pues sí, al mismísimo estilo

Oprah Winfrey —puedes verla en YouTube—, yo también caminé sobre las brasas, una experiencia única e irrepetible. Como te decía, a lo largo de los años he leído todos sus libros, que te recomiendo, y practicado sus enseñanzas, que he enseñado en mis cursos y formaciones. Quiero compartir contigo algunas de sus ideas, que me han ayudado en mi vida y en mis negocios.

Uno de los aspectos más difíciles de nuestra actividad es saber gestionar los diferentes perfiles y personalidades de los integrantes de una organización de distribuidores en uno o varios países.

Con la mayoría llegaremos a tener afectos comunes, admiración, soporte y apoyo mutuo, pero a veces las diferencias de edad, formación, cultura, país, ideas, etc., no ayudan a crear lazos de unión; no todos llegan a ser amigos, incluso alguno será incómodo en su trato, no vibrará para nada contigo. Pero es tu negocio, debes tratar a todos con respeto y la máxima profesionalidad, y no olvides este consejo: «Nunca te pelees con tu dinero».

También hay que tener herramientas y argumentos para superar desafíos en el desarrollo de tu negocio; a veces serán de relaciones personales, de salud, económicas, de credibilidad o de gestión.

Mentalidad

Es el resultado de nuestra educación, de nuestros valores, creencias y experiencias, y constituye el motor de cómo reaccionamos ante las circunstancias de la vida. Con tu actitud mental respondes ante un problema, y esta puede ser observadora, empática, disruptiva, perfeccionista, creativa, positiva, negativa, etcétera.

El objetivo es mantener una mentalidad positiva, poderosa, con una actitud a prueba de bombas y un estado mental acorde con las situaciones que se producen en cada momento.

Existen tres estados mentales:

1. **Víctima.** Vive la culpa. Se queja y culpa a sí mismo y a los demás.
2. **Avestruz.** Se esconde con patrones de miedo, duda y procrastinación.

3. **Heroico.** Coge el timón de la situación con decisión y coraje, buscando la solución.

Aplicar los estados mentales en las diferentes áreas de la vida es fundamental, porque una misma persona puede ser:

- **Víctima en la familia:** «... tengo que hacer, pero no puedo».
- **Avestruz en la pareja:** «... todo está bien, no pasa nada».
- **Heroico en el negocio:** la persona que busca soluciones.

Saber cuál es nuestro estado principal ante una situación nos ayuda a despertar.

Tres principios que aprendí de Tony Robbins

Tu actitud física, mental y emocional es la responsable de tu día a día y de cómo te sientes, pero puedes cambiar tu estado de ánimo si conoces y trabajas los tres principios básicos, que comparto a continuación:

- La tríada.
- Las creencias.
- Los 2 mm.

¿Qué determina y controla la calidad de tu vida? El estado en el que te encuentras. Sabemos que las emociones se crean; cuando queremos algo, es básicamente por el hecho de cómo nos hace sentir. Podemos cambiar nuestro estado inmediatamente, y lo hacemos con:

- **La tríada (tu identidad).** Se denomina así porque se compone de tres partes:

    1. **La fisiología.** Lo que hacemos con el cuerpo. Las emociones se crean con el movimiento. Todo lo que estamos sintiendo ahora mismo está relacionado con lo que sentimos en el cuerpo.

2. **El enfoque.** Aquello en lo que nos enfocamos es en lo que vamos a creer. El enfoque es igual a la realidad para nosotros, aunque no sea real en la actualidad.
3. **El lenguaje.** El que usas es el significado que le das a las cosas.

- **Las creencias (patrones limitantes o empoderantes).** Son sentimientos de certeza sobre lo que significa algo. Nos ayudan a encontrar los mejores recursos dentro de nosotros, creando y direccionándolos para sustentar aquello en lo que nos hemos enfocado y que deseamos.
- **Los 2 mm (cambian el resultado).** Se trata de toda una filosofía de vida que consiste no solo en poner el foco en el objetivo, sino también en las acciones cotidianas que nos llevarán a su consecución, donde con solo concentrarnos en cambiar 2 mm modificamos el resultado.

> «El hombre que gana en la vida es aquel que cree poder hacerlo».
>
> RUDYARD KIPLING

Cambiando creencias

Mira tu futuro. Si no te emociona el futuro que ves, estás en el presente equivocado.

Una creencia no es una idea que la mente posee, sino una idea que posee a la mente. Hay que trabajar con la mente subconsciente quitando capas como las de una cebolla: identifica tus creencias limitantes, desenchúfalas y reprográmalas.

Me refiero con *creencias* a todos los pensamientos y percepciones que se asumen como verdaderos sobre temas o asuntos, que te ayudan o perjudican, o sea, que te impulsan o te limitan en cuanto a tus decisiones al respecto, para iniciar, continuar o abandonar cualquier situación de tu vida en la que te tienes que definir, pronunciar y decidir.

Lo que crees crea tu realidad. Si crees que no puedes, desde luego no puedes...

Hay personas que entran en el MLM y no llegan al éxito; van a las convenciones y leen libros, pero en su subconsciente hay capas de experiencias y traumas que no apoyan su proyecto emprendedor, la independencia financiera o cualquier otro aspecto, y cuando fracasan se van a otra empresa y les pasa lo mismo.

Tenemos unos 60 000 pensamientos al día, el 90 % son inconscientes y el 70 % de estos últimos, negativos. Cuando tienes miedo, es la mente subconsciente la que te manda información negativa almacenada: el resultado es el fracaso.

Psicología de la pobreza y de la riqueza

La pobreza no es solo falta de dinero, sino un estado mental de carencia y limitaciones. Cuando se le echa la culpa al Estado, al jefe, a los padres, etc., de cualquiera de nuestras carencias personales y económicas, estamos en un estado mental de pobreza; incluso cuando hablamos, una frase muy común es: «Voy a contaros un poquito de...». Esta frase es limitante, carente de... Un buen objetivo en tu vida es cambiar una mentalidad de pobreza por otra de abundancia.

La riqueza no es tener mansiones y dinero en el banco; la mayor riqueza consiste en la capacidad y posibilidad de generarla para ti y para los demás. Un emprendedor que inicia su proyecto está en el camino de la riqueza. Para mí poder dar la posibilidad a las personas de generar dinero y tener más abundancia a través del MLM es una enorme satisfacción, pues sé que les estoy enseñando a prosperar.

Tienes que revisar tus creencias sobre tus propias capacidades, sobre el éxito o sobre el dinero: qué grabaciones tienes en tu mente sobre qué es, si están basadas en tu infancia o en lo que has escuchado y que has grabado en tu subconsciente sobre qué son los ricos, que el dinero no da la felicidad, que mucho dinero no es bueno, etc.; se trata de creencias que tienes que revisar en tu etapa adulta —esto forma parte de otro taller de crecimiento—.

Y así funcionan las creencias: la mente consciente es una hormiga, pero la subconsciente es un elefante. La hormiga no entiende por qué no avanza, pero es que camina encima del elefante, y este va en otra dirección.

Todas las creencias limitantes nos impiden crecer, pero el miedo es el mayor indicador de éxito que existe. Ser valiente es ser el único que sabe que tiene miedo.

Y recuerda algo importante: tu pasado no es igual a tu futuro.

El desarrollo empresarial es la clave de la construcción de un negocio. *Emprendizaje para líderes* está basado en superar las áreas limitantes que te impiden prosperar. En estos capítulos solo te he abierto las puertas para que tomes consciencia de tu momento y te decidas a iniciar un proyecto para eliminar las piedras en el camino que te impiden llegar a la cima.

«Nuestras creencias sobre lo que somos y lo que podemos ser pueden determinar precisamente lo que podemos ser».

TONY ROBBINS

11

EL CANTO DE LAS SIRENAS

Fracaso o triunfo

«He fallado una y otra vez en mi vida, por eso he conseguido el éxito».

MICHAEL JORDAN

1. El valor del compromiso

Brasil, el gigante del sur, el sexto país más poblado del mundo, me ofreció la oportunidad de expandir mi negocio de MLM, conocer a personas magníficas y vivir un amor de película. De la mano de Luis descubrí la majestuosa belleza de su naturaleza en expansión; navegué por las cataratas del Iguazú; conocí la Amazonia, Pantanal, Mato Grosso, las grandes megalópolis, como São Paulo, Río, Brasilia, Salvador o Curitiba, con modernos edificios y avanzada tecnología mezclados con favelas; aprecié el aroma a café, canela y flores tropicales, como el ipé o el pájaro de fuego, un crisol de raíces y culturas; aprendí a disfrutar de la vida y de la belleza explotando a mi alrededor; me sumergí en sus tradiciones y su comida, y disfruté de la fiesta de Lemanjá (o Yemayá), la diosa de las aguas, del carnaval y del baile, con el susurro de la maravillosa música de Caetano Veloso, Maria Bethania, Gal Costa o Gilberto Gil. He viajado por Brasil haciendo crecer mi negocio durante años, sumergiéndome en su energía y en su magia. Es un maravilloso país que me abrió sus puertas y sus corazones, y siempre está en el mío.

El vestíbulo del maravilloso Hotel Caesar Park era un hervidero de gente elegantemente vestida, saludos, fotos, presentaciones, etc. El entusiasmo de la gente me impresionó. Con un precioso vestido de Marc Jacobs comprado en Los Ángeles, me sentía como una reina bajando las escaleras. Las limusinas nos esperaban en la puerta en la entonces famosa Rua Augusta de São Paulo y me subí a una con varios amigos. Era una noche de celebración; inaugurábamos el negocio Herbalife en Brasil. Nos llevaron a la mítica discoteca Limelight, un lugar de altísimo nivel, una casa con forma de iglesia filial de las que ya existían en Nueva York, Londres, Chicago y Tokio, con decoración *art nouveau*, alfombras persas y telas de Gregório Gruber... Un entorno exclusivo, una espectacular fiesta y un gran comienzo.

A los pocos días aterrizamos en Curitiba, capital del estado de Paraná. Un pequeño grupo de distribuidores alquiló un avión privado para llevar los productos que habían comprado desde São Paulo hasta su ciudad. Los tres pasajeros estábamos entusiasmados, pero cuando aterrizamos comenzaron los problemas: según unas leyes estatales, en aquel momento no permitían dejar entrar en el estado los productos que llevábamos. Después de unas cuantas horas sin poder solucionarlo y parados en la aduana, regresamos a São Paulo. Te puedes imaginar la situación. Todos los distribuidores que habían pagado sus pedidos estaban enfadadísimos. Yo era la líder del grupo y me exigían soluciones.

Llamé a Mark Hughes y le conté la situación. Él me explicó que todavía estaban esperando algunos documentos y autorizaciones, que Brasil era un país enorme con diferentes leyes en sus estados y que los abogados y el *staff* de la empresa estaban trabajando para solucionarlo lo antes posible.

Pero entonces entró en juego su actitud y, utilizando su frase favorita ante cualquier dificultad, exclamó: «*No problem*, tranquiliza a tu equipo, que lleven los productos al almacén de São Paulo y se les devolverá el dinero de los pedidos que han hecho. Cuando se solucione el problema, podrán volver a realizar sus compras».

Dicho y hecho, fue un ejemplo de responsabilidad y compromiso. Lo que pudo ser un fracaso se convirtió en respeto y admiración para muchas personas por la rápida solución aportada por la compañía. Al poco tiempo quedó solventado el inconveniente y los productos llegaron a todo el país.

2. La tentación acecha

El mito de las sirenas nos ha llegado como esas bellas mujeres con cola de pez que con su música y su canto tentaron a Ulises para que se tirase al mar con ellas —Circe le recomendó ponerse cera en los oídos para no escucharlas, algo que obligó a que hiciese su tripulación, pero él se ató a un mástil para oírlas y no ceder—. Es el símbolo de que en nuestra vida se presentarán tentaciones y engaños y tenemos que estar muy atentos para no alejarnos de nuestro camino.

Durante todos estos años he recibido invitaciones para cambiarme de compañía de MLM, unas de empresas serias y consolidadas y otras de nuevas compañías, algunas de las cuales ya no existen. Los cantos de sirena acechan fuerte para todos. Una vez, con un ofrecimiento económico inicial de siete cifras, no acepté porque yo me comprometí con un proyecto y una misión y en ellos sigo. Decidí poner toda mi energía y pasión en un solo proyecto y así evité situaciones y actitudes que me podían llevar al fracaso.

Tienes que poner toda tu energía y toda tu pasión en un solo proyecto porque no se puede servir a dos señores a la vez, evitando situaciones y actitudes que te pueden llevar al fracaso. Esto no quiere decir que, si no estás bien en una empresa por las circunstancias que sean y te gusta la industria MLM, no busques otra empresa que cumpla tus objetivos; lo que no recomiendo es tener dos proyectos de MLM paralelos. Debes saber que se han cumplir algunos fundamentos si quieres crear un negocio sólido, con un crecimiento exponencial cada semana, cada mes y cada año. No olvides estas recomendaciones porque son muy poderosas y forman parte de ese plus imprescindible para el éxito total.

3. Las siete causas del fracaso

Según un estudio de OnePoll para Herbalife Nutrition, los españoles quieren emprender, pero su principal barrera es el miedo al fracaso. Un impedimento muy grande para muchos es el miedo al qué dirán, al ridículo, a no lograrlo, a lo que desconocen. El miedo es el responsable de que muchos ni siquiera lo intenten. Revisa el siguiente listado de causas y evítalas, ya que son las semillas del fracaso:

- **Continuar con una mentalidad/estructura de trabajo como empleado.** Se trata de la necesidad de que alguien te diga qué hacer y cómo hacerlo. Este es uno de los primeros fracasos: no darte el tiempo necesario para convertirte en un emprendedor. Al no saber cómo crear una estructura de negocio que te ayude a crecer y quizás no tener un mentor o no atender a sus ideas y sugerencias, el fracaso es una muerte anunciada.
- **Falta de un método diario de operaciones, con planes comercial y personal coherentes.** La mejor manera de fracasar es no planificar tu negocio ni tu actividad, no poner en marcha un método o no darle el tiempo que necesita para obtener los resultados.
- **No trabajar el tiempo suficiente.** Sin horario de trabajo, sin compromiso ni disciplina, no hay resultados.
- **Tus creencias negativas sobre ti y tu negocio.** Se trata de las creencias limitantes de baja autoestima, falta de confianza y carencia de desarrollo personal.
- **Empezar tu negocio como un *hobby*.** Si comienzas con la actitud de «voy a ver cómo va y, si funciona, continúo», será un fracaso. Así te recomiendo que no empieces, porque si quieres triunfar en tu negocio, la actitud tiene que ser: «Voy a hacer todo lo necesario para que este negocio funcione»... y hacerlo.

- **Rendirte ante la palabra *no*.** Gestionar la frustración ante la palabra *no* es fundamental en este negocio porque la escucharás muchas veces. Quizás nueve de cada diez propuestas de negocio o de productos sea *no*.
- **Abandonar tu negocio.** Tirar la toalla ante las dificultades es una posibilidad a la que tendrás que enfrentarte. He visto a distribuidores subir como la espuma y en el primer minitsunami desaparecer. A veces solo vemos los aspectos negativos de una situación; te sugiero que no abandones nunca, únicamente busca otras posibilidades, porque seguro que existen... ¡Y si tiras la toalla, que sea en la playa!

4. El éxito, actitud y compromiso

Comprometerte con tu negocio requiere actitud positiva, cuidada y alimentada. El compromiso comienza cuando tomas conciencia del negocio que has comenzado, confías en los productos y tienes contactos con gente que lo ha logrado antes que tú.

La percepción de los resultados que puedes obtener, unida al éxito y a las recompensas que crees que puedes lograr, te llevará a tu propio compromiso. Si tienes potencial pero no compromiso, será un fracaso.

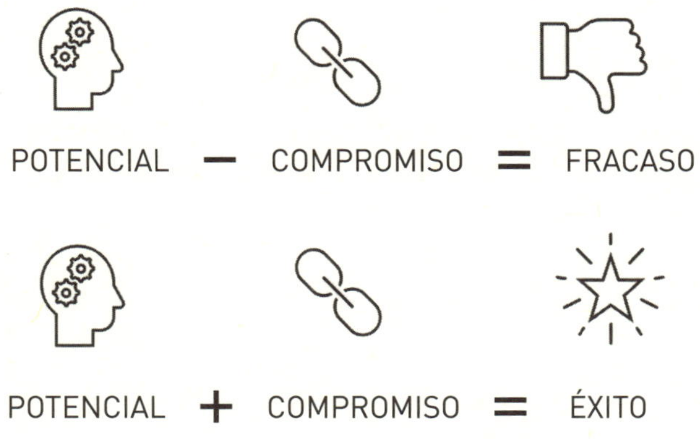

Tu proyecto es construir un negocio de éxito. Necesitarás —te lo aseguro— asesoría, consejos, formación y estar dispuesto a trabajar hasta que funcione, pero sobre todo tener una actitud de oro y creer en ti y en tu proyecto.

¿Qué es el éxito?

Hay muchas definiciones, pero una muy sencilla la enunció Emerson cuando dijo que el éxito consiste en obtener lo que se desea, y la felicidad, en disfrutar lo que se obtiene. Todas las personas que han conseguido el éxito poseen tres cualidades en común:

1. Actitud mental positiva.
2. Trabajo para lograr sus metas.
3. Automotivación.

Pensamos que el éxito es solo el dinero, pero en este negocio este es el resultado de mucho trabajo, persistencia, disciplina, coraje y pasión, y no solo eso: el dinero es el logro de una aspiración. Por ello el crecimiento personal y empresarial llevado al mundo de los negocios nos ayuda, nos impulsa a perseguirlo. Debemos aspirar a diferentes cosas en las áreas de nuestra vida y trabajar para lograrlas.

La única manera de hacer un gran trabajo es amar lo que haces. Espero que ames esta industria, tu empresa y los productos y servicios que llevas al mercado, y que te estimule tanto y tengas tantos resultados que le seas siempre fiel.

Creer en ti

A veces es lo más complicado. Algunas creencias equivocadas sobre ti, la vida y los negocios te impiden avanzar, como la baja autoestima sobre tus capacidades. El miedo a fracasar, incluso antes de empezar, los ladrones de sueños, etc., pueden ser tus enemigos, aunque pertenezcan a tu propia familia.

La autoconfianza se construye, por lo que debemos invertir una parte importante de nuestro tiempo y de nuestro dinero en nosotros mismos.

Cultivar y aprender principios

Los principios incluyen la persistencia, la disciplina, el deseo, la profesionalidad, la comunicación, el compromiso, la lealtad, la integridad y el reconocimiento, entre otros muchos —trabajo mucho con los distribuidores para ayudarles a romper las limitaciones personales que les impiden crecer en su vida y en su negocio—. Hay que superar los miedos y las creencias limitantes sobre ti, sobre tus posibilidades, sobre el dinero y sobre el éxito.

Jim Rohn me dijo un día: «Trabajar en uno mismo debería ser la profesión más apasionante de nuestra vida... Aprender a ser tú mismo de verdad».

5. Los 12 fundamentos del éxito en MLM

Estos son los 12 fundamentos básicos que hay que tener en cuenta para alcanzar el éxito en MLM:

1. **Comprométete solo con un proyecto y una empresa.** Es muy importante elegirla bien.
2. **Construye un plan realista de ventas.** Vender crea un negocio de ventas, pero propio.
3. **Usa y conoce los productos o servicios.** Solo se vende lo que te gusta.
4. **Usa un método probado el tiempo suficiente,** con motivación hasta que funcione para ti, y participa de un sistema de apoyo.
5. **Trabaja diariamente en el horario pactado contigo mismo.** Los beneficios a final de mes son un gran objetivo.
6. **Construye un plan realista para patrocinar a nuevos distribuidores a tu equipo,** pues son la base de tus ingresos pasivos.
7. **No persigas a la familia y a los amigos para entrar en tu negocio.** Solamente alguno se interesa por él. Crea redes de personas que consumen y, en algunos casos, hacen la actividad.
8. **Fórmate en todo lo necesario,** temáticas y habilidades nuevas y necesarias, así como en tu desarrollo personal.
9. **Que tus metas sean personales,** grandes, para que te inspiren autoconfianza.
10. **Sé agradecido.** Agradece todo lo que tienes mientras persigues lo que quieres.
11. **Celebra tus éxitos,** desde los pequeños a los grandes.
12. **Registra tus resultados y compártelos,** pues tu historia vale una fortuna.

Además, alimenta tu pasión todos los días, pues constituye el ingrediente mágico para triunfar. Todos estos fundamentos te llevaran al éxito; solo es cuestión de tiempo.

Una clave inteligente radica en mantener el trabajo actual, si lo tienes, mientras haces poco a poco el cambio a tu negocio multinivel. Esta decisión requiere un compromiso extra de trabajo y paciencia para tener resultados importantes, pero llegarán.

...Y los ingresos infinitos también. Llegarán cuando añadas a tus ventas la duplicación de lo que haces, con personas con ese perfil especial, esa mirada del tigre y esa ambición de ser y tener más. Cuando veas que los resultados que has visto en otras personas suceden para ti; cuando cada mes recibas el dinero, que recompensa el tiempo dedicado a hacer crecer un equipo, en ese momento tendrás una satisfacción personal enorme.

6. Generando impulso. ¿Cuál es tu porqué?

La construcción de un hotel está en la mente del promotor, la empresa, los inversores, el arquitecto y todos los implicados, pero desde el principio el hotel está terminado en la mente del dueño; todo se construye en la mente. Y podemos construir el éxito o el fracaso. Ten en cuenta que hay mucha diferencia entre «voy a ver si funciona» y «¡voy a hacer que funcione!».

La falta de motivo es la causa del abandono y del fracaso. Motivación es lo que te inspira para alcanzar el sueño. Motivar viene de mover, y para mover hay que conmover.

Lo que más cuenta es:

¿Cuál es tu sueño? Escríbelo.

¿Cuál es tu motivo? Escríbelo.

¿Por qué lo haces?, ¿cuál es tu motor?, ¿tienes un porqué lo suficientemente fuerte para que te levantes por la mañana motivado y lleno de ilusión? Tienes que trabajar tu visión... y reconstruirla una y otra vez.

Las cinco preguntas fundamentales sobre tu negocio

¿Qué quieres? ....

¿Por qué? ....

¿Cómo? ....

¿Para qué y con quién? ....

¿Cuándo? ....

Escribe las respuestas y guárdalas para leerlas cuando estés en horas bajas y necesites un extra de refuerzo y motivación.

Y no olvides la ley de Pareto o regla del 80/20: el 80 % de la producción será responsabilidad solo del 20 % de tu equipo. En un negocio multinivel, el 80 % del equipo será productor y el 20 % será constructor. A nivel personal, dedica el 80 % de tu tiempo a la producción y el 20 %, al resto.

«Tanto si crees que puedes como si crees que no puedes, estás en lo cierto».

HENRY FORD

7. Defiende tu sueño de ti mismo

Si has decidido ser libre, tener el control de tu vida, crecer..., tendrás que pagar el precio, salir de tu zona de confort, que es el lugar donde mueren los sueños, y ponerte en marcha.

Supera la procrastinación

Deja de posponer las tareas y la acción. Lo mejor que podemos hacer por nuestro negocio y por nuestra vida es trabajar sobre nosotros mismos: quiérete, cuídate, elígete el mejor jefe o jefa, el/la mejor padre/madre, pareja, amigo... Piensa que eres increíble; no esperes a que se cruce alguien que te subirá a la cima con su trabajo.

Alimenta tu pasión todos los días, es el ingrediente mágico para mantener tu motivación. Date la oportunidad de hacer crecer tu cartera de clientes y tu organización de distribuidores. ¿Ya lo estás haciendo? ¿Lo estás intentando lo suficiente? ¿Tienes ya puesto en marcha el plan para hacer crecer a tu equipo?

La pregunta no es si tu negocio multinivel será rentable y exitoso, sino si tú serás rentable para tu negocio multinivel.

Elígete a ti mismo y contrátate para el negocio de tu vida

¿Crees que estás a la altura? Si ya estás en este negocio y eres tu jefe, ¿te subirías el sueldo o te despedirías? ¿Estás decidido a llegar al *top*?

Si la respuesta es sí, comienza hoy con paso decidido, toma el control de tu negocio y de nuevo comprométete contigo mismo para llevarlo al éxito. Sé tu propio jefe de verdad, con disciplina trabaja desde tu casa u oficina respetando y cumpliendo tus horarios. Crea nuevas oportunidades, ten una agenda y levántate sabiendo qué llamadas y citas tienes ese día; monitoriza a diario los números y resultados de todo lo que estás haciendo en tu negocio y conviértete en ese emprendedor de éxito que quieres para tu negocio, y nunca olvides:

La industria del MLM está llena de gente ordinaria que hace cosas extraordinarias

Para tener éxito primero debes tener un sueño: emprender es para los que sueñan. ¿Cuál es tu sueño?

¡Ah!, y para lograr tus objetivos, un consejo: lleva la televisión al trastero.

«Siempre parece imposible, hasta que se hace».

NELSON MANDELA

12

EL HÉROE O LA HEROÍNA ERES TÚ

Palabras para triunfar

«Las palabras no solo crean emociones, crean acciones. Y de nuestras acciones fluyen los resultados de nuestras vidas».

TONY ROBBINS

1. Escritora, otro sueño cumplido

«Eres un caballo de fuego que dispara flechas de oro al sol». Estas palabras rotundas, disparatadas y mágicas me las dijo mi hija a los cinco años, sentada en el suelo de la cocina mientras jugaba con sus muñecas. Quedé tan impresionada que busqué algo para escribir la frase y no olvidarla; encontré en mi bolsillo una barra de labios y con ella la escribí en una pizarra que teníamos en la pared. Me volví a la niña y le respondí: «Qué bonito lo que me has dicho; de mayor serás escritora». Y curiosamente lo es: a los seis años escribió su primer cuento, Y desde entonces no ha parado de dar conferencias, primero a sus muñecos, luego a todo el que pilla, y nunca ha dejado de escribir. Hoy Virginia Mosquera es directora creativa en McCann Madrid—la misma agencia de publicidad en la que trabajé yo—, autora de tres libros muy recomendables, guionista de cine premiada y mi inspiración para escribir este libro. Nuestra vida y nuestra casa han estado siempre hechas de palabras y de libros.

Pero lo más bonito es que mi hija me ha enseñado a amar el mundo de las letras. Con sus recomendaciones de libros y su entusiasmo por ellos desde niña, ella fue la que me conectó con Roger, mi mentor literario, porque en los temas importantes de la vida se necesita un guía. Han sido dos años de recopilación de temas, notas y palabras, escribirlas, estudiar su sentido y armonía, aprender a elegirlas para usar la perfecta. Esta pasión de alguna forma ha marcado el camino que me puso rumbo a cumplir mi sueño: escribir este libro que estás leyendo. Porque yo amo las palabras.

2. El don de la palabra

Cada persona viene a este mundo con dones y talentos por descubrir y alimentar. Para algunos la música, las matemáticas o el arte son parte de sus inclinaciones, mientras que para otros lo son la aviación, la medicina o las manualidades, por ejemplo, y por ello se ganarán la vida en esas áreas innatas con más facilidad y felicidad. Pero también son muy importantes los dones que se manifiestan en nuestro carácter y nuestra personalidad, como la comunicación, el liderazgo, la creatividad, la inteligencia, la paciencia o el gran corazón. Son muchos para enumerarlos todos aquí, pero el don de la palabra hablada o escrita será un pilar fundamental para la construcción de tu negocio de MLM. El arte de inspirar y convencer es un regalo para aquellos que lo poseen o lo desarrollan, que saben cómo y cuándo usarlo, porque pronunciar la palabra perfecta en el momento adecuado y con el mensaje preciso constituye un don.

Las palabras no son solo letras; van unidas a la intención que ponemos al pronunciarlas para redefinir su significado y convertirlas en experiencias propias.

Las palabras tienen un efecto sobre nuestro cuerpo, positivo o negativo según las elegidas y la intención, impactan en nuestra bioquímica corporal, así como en nuestras mascotas y en todos los seres vivos —te recomiendo que veas en YouTube el experimento del científico japonés Masaru Emoto, que demostró que el agua tiene formas y reacciones diferentes dependiendo de las palabras y emociones del ser humano—.

El efecto de cada palabra no es solo lo que dices, sino cómo lo dices. Inspiran o defraudan; hay que cuidar mucho el lenguaje, ya que las palabras tienen energía propia: algunas pesan una tonelada, pueden matar y destruir el alma y el corazón de una persona, pero también las hay mágicas y cargadas de intención positiva, que logran motivar, impulsar y curar.

Comencemos por tu manera de hablar, vestirte y comunicarte, que conforma tu imagen; no es solo lo que dices, sino cómo lo dices. Inspirar seriedad, credibilidad y confianza es vital y básico; hay que emitir las señales correctas. Recuerda que solo existe una oportunidad de causar una primera impresión. Cómo representas tus productos y servicios y cómo presentas la oportunidad de negocio serán imprescindibles para tu éxito. Tu imagen, tu comunicación y tu mensaje deben ser impecables.

3. La actitud

Tiene que ver con lo que transmites en tu comunicación verbal y no verbal, es el resultado de lo que sientes y piensas. Puede ser negativa o positiva; inclínate por la última. Es ver la botella siempre medio llena, ser optimista, transmitir energía positiva, alegría y entusiasmo. Es una forma de vida.

Conocerás tantos temas nuevos en tu negocio de MLM que quizás te abrumen, pero la actitud en este negocio constituye un ingrediente imprescindible. Actitudes como sonreír, hacer cumplidos y reconocimientos sinceros, no criticar, mantener abierta tu mente, tener un auténtico interés en ayudar a los demás y aprender son imprescindibles para crecer. Se trata de comunicar...

La fórmula secreta para alcanzar el éxito en el negocio del MLM es muy sencilla:

YO PUEDO HACERLO + YO QUIERO HACERLO = YO LO HAGO

Puedes hacer que suceda cualquier cosa en la vida en la que te concentres y que tengas claro que quieres, ya que donde pones el foco va la energía y esto se traduce en acción.

4. Hablar en público

Barcelona, Palau Sant Jordi. Caminaba por el enorme escenario saludando con los brazos levantados al auditorio, un público entregado de más de 15 000 personas que me recibía con *Let the River Run* y aplausos ensordecedores. Me recordó el concierto de los Rolling Stones en el Estadio Olímpico, al que había asistido unos años antes, aunque la diferencia era que en ese instante quien estaba en el escenario era yo. Acostumbrada a hablar en público en conferencias y formaciones, era la primera vez que lo hacía para una audiencia tan grande. Me temblaban las piernas y tardé unos largos minutos en reponerme y en que mi corazón bajase el ritmo de sus latidos; sin dejar de sonreír, me apoyé en un alto taburete, respiré y comencé a hablar.

He cultivado la habilidad de hablar en público desde muy joven. Creo que traje de fábrica algunas cualidades innatas para ello, pero leí libros e hice algún curso interesante porque quería mejorar. Quien más me ayudó a comunicarme en público con claridad y eficacia fue, sin duda, Juan Antonio Vallejo Nájera[1], y practiqué y practiqué sus enseñanzas, intentando en mis intervenciones lograr las dos cosas que él recomienda: cautivar y convencer.

También te sugiero que estudies las cinco ideas básicas que Manuel Pimentel enseña en su libro sobre cómo hablar en público[2]:

1. Hablar bien en público es muy importante, pues condiciona tu desarrollo personal, social y profesional.

2. El orador no nace, se hace.
3. La oratoria es el arte de conseguir lo que deseas a través del uso de la palabra.
4. Hablar bien es hacerlo con coherencia entre tu forma de ser y tu forma de hablar.
5. El orador no es el único protagonista; hay que conocer a la audiencia, el discurso, el canal y las circunstancias.

En diferentes áreas de su negocio un *networker* tiene que poner a prueba sus dotes de comunicador y conferencista, sea persona a persona en un café o en Internet, así como en grandes o pequeños auditorios, formaciones, reuniones de equipo o presentando su proyecto, producto o empresa: elegir las palabras con cuidado es básico para el resultado.

Según un estudio, hablar en público, junto con la muerte, es uno de los miedos de la mayoría de los profesionales. Se trata de un arte que hay que aprender y dominar porque da seguridad y posicionamiento personal.

Comienza por hablar y grabarte, identifica tus errores y muletillas, observa a otros oradores, toma apuntes, imita, practica, pon a tu servicio la creatividad y la imaginación, el sentido del humor y los silencios, controla tu respiración y conoce a la audiencia.

Debes escribir un discurso o una presentación de negocios con estructura, conociendo lo importante que es el inicio y el final, o sea, los dos efectos fundamentales conocidos como *primacía* y *recencia*. El primero almacena en la memoria la información que recibe el oyente al inicio de un discurso y se relaciona con la memoria a largo plazo y el segundo, lo que escuchamos al final de un discurso, y se relaciona con la memoria a corto plazo. Conocer cómo funcionan el cerebro, la memoria y las emociones es muy importante a la hora de comunicarnos con terceros. Como conclusión, cuando prepares una junta de negocios, pon mucha atención en las palabras que utilizas al principio y al final. Los objetivos de cualquier conferencia, curso, taller o reunión profesional son tres: que te atiendan, que te entiendan y que te recuerden.

5. Palabras de poder *(power words)*: palabras que pueden cambiar tu negocio y tu vida

Cuando era pequeña, uno de mis pasatiempos favoritos era pedir a mi madre que me dejara coger alguno de los enormes volúmenes del diccionario Espasa Calpe forrados en delicada piel negra con preciosas letras doradas que había en la librería, porque para mí era como un ritual: abrirlo al azar y con cuidado, porque el papel era muy fino, pasar el dedo con los ojos cerrados hasta pararme en un punto de la página, abrirlos y leer la palabra y su significado, palabras como *lapislázuli, etéreo, amor, sexo...*, que a veces me sumergían en un mundo aún desconocido.

La fuerza de las palabras crea emociones y acciones; las palabras tienen energía y poder, impactan a nivel externo e interno, no solo a la persona que las escucha, sino a nosotros mismos con nuestro diálogo interno. Lo que nos decimos influye profundamente en nuestra vida: «soy un desastre», «siempre la fastidio», «qué mala suerte tengo», «no soy feliz», «no soy capaz», «no aguanto mi timidez», etc. Aprende a hablarte mejor internamente, con palabras positivas de aliento y reconocimiento, porque cambiarás tu energía, tu estado mental, y serás más feliz.

Además, elige bien las palabras que pronuncias, no las digas al azar, porque describen lo que sientes y constituyen tu vocabulario particular, tus expresiones, y te posicionan en el mundo.

Estudiar la etimología de cada palabra da poder; además su significado es muy interesante, pues casi todas tienen un origen lingüístico real y uno popular muchas veces más hermoso. Te pondré un ejemplo:

Sincero/a: adjetivo que procede del latín *sincerus,* puro, sin doblez, idea moral de decir la verdad. Circulan sobre esta palabra algunas historias populares, como que está formada a partir de *sine cera* («sin cera»), utilizado en apicultura refiriéndose a la miel pura o en el Renacimiento ya que, cuando un escultor fallaba con el cincel en su escultura, lo cubría con cera para disimular el fallo, lo que depreciaba la obra. Por tanto, los artistas consagrados con obras perfectas las promocionaban como obras «sin cera», puras y perfectas.

Poderosas para tu negocio

Selecciona las palabras que uses en tu negocio, ya que serán clave para tu éxito. Si las elegidas son potentes y efectivas para hacer una propuesta a tu cliente o al presentar tu negocio, el resultado, con seguridad, cambiará.

Según diversas fuentes, el español tiene algo más de 300 000 palabras. De ellas, son de uso habitual unas 163 000 (incluidas las casi 90 000 recogidas en el *Diccionario de la Real Academia de la Lengua* (DRAE), así como las aportadas por las distintas variedades del español de Latinoamérica). Entre ellas he elegido cuidadosamente diecinueve palabras, poderosas, llenas de energía, de fuerza positiva, que ayudan —ya sean habladas o escritas— a crecer, construir y crear la vida que queremos para nosotros y nuestra familia.

Te propongo un ejercicio. A continuación de cada palabra que encontrarás más abajo, escribe una frase positiva que tenga significado para ti o una frase que la contenga:

VIDA ....

ACTITUD ....

MOTIVACIÓN ....

ACCIÓN ....

PASIÓN ....

CONFIANZA ....

TRIUNFO ....

AMOR ....

TRANSFORMACIÓN ....

DECISIÓN ....

DINERO ....

ÉXITO ....

LIBERTAD ....

ABUNDANCIA ....

PROSPERIDAD ....

IMBATIBLE ....

FORTALEZA ....

VALENTÍA ....

AGRADECIMIENTO ....

Ahora, si ya has terminado con todas las palabras de la lista, lee tus frases en voz alta. El objetivo es que recuerdes las que más te han resonado internamente usando las tres maneras de captar el aprendizaje e interpretar la información «visual, auditiva y kinestésica», una idea difundida por la programación neurolingüística según la cual recibimos e interpretamos lo que nos llega de manera visual, auditiva o emocional. Y todos tenemos los tres elementos, aunque predomina uno sobre los demás; por esta razón, leerlas en voz alta nos ayuda a interiorizarlas y recordarlas.

6. Lee 30 minutos todos los días

«La sociedad te dice: "Tienes que hacer deporte". Pero a los que hacen deporte nadie les dice: "Usted tiene que leer"».

JOSÉ SARAMAGO

Una muy buena sugerencia para adquirir el don de la palabra es leer. Igual que cuidamos nuestro cuerpo, debemos cuidar y alimentar nuestra mente. Leer mejora la concentración y la imaginación; cuando leemos nuestro cerebro se alimenta y vivimos lo que leemos como si fuese realidad. La lectura debe formar parte de tu rutina diaria de crecimiento; leer diez páginas al día te permitirá disfrutar como mínimo de un libro al mes, con lo que serían doce al año, algo muy positivo. Hay quien lee un libro a la semana; tú decides tu ritmo.

Siempre me piden que dé listas de libros para ayudar a crecer a los emprendedores. Esta vez, en lugar de decirte títulos, te recomendaré autores que han escrito obras magníficas que me impactaron y que releo con frecuencia: Wayne W. Dyer, Stephen Covey,

Og Mandino, Sun Tzu, Robert Kiyosaki, Anthony Robbins, Dale Carnegie, Napoleon Hill, Robin S. Sharma, Philip Kotler, T. Harv Eker, Rhonda Byrne y Jim Rohn.

Para convertirte en el dueño de un exitoso negocio, tienes que desarrollar tu propio liderazgo, adquiriendo destrezas fundamentales y necesarias. He analizado la trayectoria, los comportamientos y las actitudes de Mark Hughes y de otros muchos grandes líderes que he conocido dentro y fuera de nuestra industria y todos emplean poderosas palabras en los conceptos que ilustran su trayectoria y son cimientos de su éxito.

Héroe/heroína: palabra poderosa que significa que has realizado una hazaña extraordinaria, especialmente si requiere mucho valor (según el diccionario).

La analogía que durante todo el libro he desarrollado entre el héroe Ulises y los emprendedores del MLM del siglo XXI es muy real porque identifica la relación que hay entre los problemas que te encontrarás por el camino y las habilidades que necesitarás para solucionarlos, al igual que hizo él.

Así como Ulises —cuyo nombre original en griego era Odiseo; de ahí el título de su epopeya— corrió riesgos, tomó decisiones comprometidas, cometió errores y pasó por dudas y contradicciones, a ti te pasará lo mismo en tu viaje como emprendedor. Pero podrás emular al héroe, quien desarrolló cualidades como valentía, astucia, inteligencia, audacia, sabiduría y don de la palabra y una actitud muy comprometida para generar características que te darán fuerza y poder.

Ulises representa un ejemplo de liderazgo muy potente, que ejerció durante toda su vida, al demostrar en su viaje de regreso a Ítaca, su casa, su objetivo, que todo se puede, sobre todo cuando tu meta es tan grande que pasa a ser tu propósito de vida.

Y una vez más, y van tres: si no la has leído, o lo hiciste hace años, te invito a que disfrutes de la *Odisea* de Homero porque es una auténtica lección para todo emprendedor.

«El hombre que gana en la vida es aquel que cree poder hacerlo».

RUDYARD KIPLING

7. Los 12 talentos y habilidades para triunfar

Guarda como un tesoro las palabras que conforman los doce talentos y habilidades imprescindibles que tienen los grandes líderes para triunfar a lo grande:

1. **Actitud correcta.** Poseen actitud correcta en todas las situaciones. Aunque tengamos una inclinación mental y ambiental para afrontar diversas circunstancias, heredada del entorno o aprendida por experiencias personales, siempre se puede trabajar para lograr que mejore y para ayudarte en tu proyecto emprendedor. Tener una actitud positiva, flexible y empática mejorará todas las circunstancias.
2. **Comunicación efectiva.** Su comunicación es efectiva tanto de manera verbal como no verbal. Se comunican con el entorno, sea como emisores o como receptores de los mensajes, de forma sincera, respetuosa y profesional, aprendiendo a utilizar los diferentes códigos según la tipología de las personas.
3. **Gestión de equipos.** Su trabajo es la gestión de equipos, no la dirección. Son fuente de información y formación y potencia e influyen en las personas para impulsar su individualidad y alcanzar mejores niveles de producción y éxito a través de la motivación y el reconocimiento.
4. **Autoconfianza y autoestima.** Practican técnicas de autoconfianza y mejora de la autoestima. Trabajan sobre sí mismos aspectos tan importantes como el diálogo interno, las no comparaciones, arriesgarse y el estado mental positivo que refuerce la confianza; viven con optimismo; se mantienen alerta, y hablan, visten y actúan según la ocasión, mostrando la mejor versión de sí mismos.
5. **Hablar en público y hábito de lectura.** Saben hablar en público y leen mucho. Dominan técnicas de comunicación, saben impartir conferencias; son sinceros, breves, claros y sencillos; observan y practican, dominan los temas, y leen 20-50 libros al año.
6. **Trabajar con metas y resultados.** Materializan sus metas y optimizan sus propios resultados. Trabajan con objetivos y diseñan sus planes con estrategias y tácticas que cumplen con compromiso y disciplina.

7. **Control de las circunstancias y del estrés.** Saben controlar las circunstancias y el estrés. Practican técnicas de autocontrol, como relajación, *mindfulness*, meditación, yoga o taichí, y ejercicio, preservan su salud.
8. **Cuidado del protocolo social y de su imagen en el negocio.** Diseñan su propia marca personal, manteniendo su imagen física y estética, su saber estar y el trato elevado, para que refuerce la línea que se identifique con su proyecto empresarial.
9. **Control y gestión de sus finanzas.** Gestionan su economía personal y de negocio (ingresos, gastos, ahorro e inversión), administran su dinero.
10. **Gestión de conflictos.** Saben gestionar conflictos personales y los de sus equipos. Practican la resiliencia, la asertividad y la comunicación pacífica para encontrar soluciones, así como el control de las emociones para actuar con seguridad y sabiduría.
11. **Fracaso como aprendizaje.** Utilizan el fracaso, la frustración y las decepciones como aprendizaje. Han aprendido la lección con los retos y desafíos que han tenido que superar para llegar al éxito; fracasaron, pero no desistieron, dándose la oportunidad de continuar una o varias veces hasta que lo lograron.
12. **Practicar y explorar el *coaching*.** Aprovechan los beneficios del *coaching* y tienen un *coach* personal para descubrir perspectivas nuevas, tomar decisiones creativas y aumentar la productividad reforzando su potencial. Saben delegar y buscan ayuda cuando la necesitan. Trabajan más intensamente sobre sí mismos que en su trabajo.

Persigue estos doce talentos y mézclalos dentro de ti para que salgan en forma de inspiración desde el fondo del corazón, porque solo cuando eres verdad... lo que hablas inspira.

8. Construye tu propio imperio

Si yo he podido, tú también puedes, y como si de una varita mágica se tratase, me gustaría poder tocar tu mente y tu corazón para ayudarte a tener una perspectiva diferente y real del MLM en este siglo. Estudia y dale una oportunidad a esta fórmula de ganarse la vida, desde poder completar los ingresos de una familia con un extra al mes hasta alcanzar el éxito financiero, como los grandes líderes de las diferentes empresas del sector. Está a tu alcance.

Pasamos por tiempos de crisis, el mundo ha cambiado, los empleos han cambiado, los negocios han cambiado, las personas hemos cambiado, pero las oportunidades se han multiplicado. La pandemia nos ha hecho reflexionar sobre qué es lo que queremos para nuestra vida y plantearnos que podemos cambiar algunas cosas para vivir más y mejor.

Frente al mar y con sendas copas de vino en nuestras manos, hablábamos mi amiga Elin y yo sobre nuestros viajes, la vida y la libertad. Ella es una viajera por vocación que ha dado dos veces la vuelta al mundo por placer y «por la cara», como suele decir con mucho sentido del humor, y yo le contaba que en mi caso los viajes deben de ser cosa de mi entorno, porque mi padre fue un gran viajero que contaba cómo había llegado hasta Rusia o cómo perdió una máquina de fotos a los pies del Arco de Triunfo en París; mi primo Antonio ha viajado a 130 países; tengo numerosos amigos superviajeros, y yo he viajado a más de medio centenar de países a lo largo de mi vida, alternando negocios y ocio. Ella me contó la historia de su abuelo, un importante hombre de negocios noruego con espíritu emprendedor y aventurero que vino a España. En la década de 1930 fue el mayor importador de naranjas y limones de Valencia a Noruega porque tenía lo que los noruegos necesitaban: vitamina C. Hablábamos de emprender y de la libertad que proporciona ser dueños de un negocio cuando, de repente, me contó su idea de la libertad. Para ella, hay tres tipos de libertad: emocional, física y económica. «Y yo tengo las tres», afirmó con satisfacción.

Su historia me gustó, me identifiqué con su concepto, que comparto, porque el proyecto que «compré» sobre la industria y en el negocio del MLM he comprobado que proporciona independencia y libertad de los tres tipos: emocional, física y económica.

Todo lo que he compartido en este libro va en esa dirección. La libertad emocional se logra con el trabajo personal sobre uno mismo, superando retos y desafíos, al trabajar nuestras emociones, así como mejorando las áreas de nuestra vida. La libertad física se consigue cuidando la salud y la imagen con alimentación saludable, descanso, aire libre y actividad física. Y, finalmente, la libertad económica la puedes conseguir en la industria del MLM al tener tu propio negocio porque implica libertad personal y financiera, felicidad, conseguir metas y construir tu mundo mejor.

Sentada en el suelo de tierra de la casa de Pablo Neruda en Isla Negra (Chile) —su barco en tierra, como le gustaba decir— y junto a la lancha blanca donde el poeta invitaba a «navegar» a sus amigos, ubicada en el centro del jardín, escribí la mejor carta de mi vida a mi hija. Allí se comenzó a gestar este libro; pasé varias horas escribiendo y la idea de ayudar con mis experiencias a los distribuidores empezó a abrirse paso como un marinero en tierra que quiere salir a navegar.

Posteriormente, en una fiesta en Río de Janeiro, me presentaron a Paulo Coelho. Solo nos saludamos durante unos minutos y le hablé sobre lo que me gustó *El peregrino de Compostela.* Sonriente y cercano, brindamos por los libros. Y seguí alimentando mi sueño de escribir mis experiencias, guardando en mis cuadernos notas para el futuro libro... y por fin ya está aquí. Espero que te guste, que te ayude en tus proyectos y que después lo recomiendes.

Tú eres el padre/madre de tu criatura y quien tiene que recorrer tu viaje personal, conquistar a tu Ulises interior y ser el héroe o heroína de tu vida y tu negocio; ponte manos a la obra. Dice un proverbio oriental que un grano de acción vale más que una tonelada de teoría.

Nunca olvides que el negocio del MLM se compone de tres partes: productos, plan de marketing y tú. Tienes que explotar tu diferencia, tu método personal, tu imagen, tu energía, que se escuche tu voz y, sobre todo, tienes que creer en ti.

Este es un libro de actualización, práctico, formativo, con ideas y ejercicios sencillos pero poderosos que puedes aplicar fácilmente, hacia un MLM más profesional, tecnológico e innovador, y que ha nacido con el objetivo de inspirar y compartir, porque ayudar a las personas a mejorar sus vidas y a que logren alcanzar sus sueños es hacer del mundo un lugar mejor donde vivir.

Y nunca lo olvides: en tu vida y en tu negocio...

la estrella eres tú.

PARTE IV

LIBERTAD

VOCES AUTORIZADAS DE LA INDUSTRIA MLM

«El éxito es la capacidad de ir de fracaso en fracaso sin perder el entusiasmo».

WINSTON CHURCHILL

Te propongo una aspiración para tu vida: consigue que cada lunes sea viernes. ¿Por qué el lunes es el peor día de la semana para muchas personas? Hay una sensación extendida de que solo se vive de verdad los fines de semana porque los lunes, madrugar, volver al trabajo y a la rutina, es para muchos un reto que les imposibilita disfrutarlos. Ya no eres dueño de tu tiempo; el trabajo, los estudios y los jefes o superiores diseñan tu vida los siguientes cinco días.

Según algunos estudios, el 70 % de las personas están «ausentes» los lunes. Se encuentran más cansadas, las responsabilidades pesan y cuesta ponerse en marcha, y eso en su gran mayoría ocurre porque en realidad no les gusta lo que hacen; solo trabajan porque necesitan un sueldo para pagar sus cuentas, y no son felices.

Esto es todo lo contrario del viernes, que, según las estadísticas, es el mejor día de la semana: eres dueño de tu tiempo y de tu vida y puedes hacer planes a tu medida, aunque solo sea durante dos días; duermes más; tienes vida social, ves a los amigos, tienes comidas y cenas especiales; dedicas más tiempo a los hijos y a la familia, y sales de compras; puedes bailar, pasear, viajar, leer, ir al cine o al teatro, etc.

¿A cuántas personas les gustaría ser dueñas de su tiempo y organizar sus propios horarios en función de su agenda personal decidiendo cuándo es tiempo de trabajar, de estudiar, de socializar, de conciliar con los niños y con la familia, de viajar y de disfrutar? A muchísimas.

Yo lo he conseguido y muchas personas más que, como yo, son empresarios independientes en la industria de la Venta Directa y del MLM. Poder estar disponible cuando las situaciones son realmente importantes es un privilegio. Pude estar al lado de mis padres todo el tiempo necesario cuando estuvieron enfermos, y los pude despedir con amor. Participo de todas las actividades de mi familia y la acompaño siempre que quiero y me necesita, por lo que estoy enormemente agradecida. Viajo cuando y donde quiero y no tengo que esperar a que nadie me diga en qué fecha puedo tomar vacaciones. Organizo mi semana en función de mis propias prioridades. Por todo esto, para mí cada lunes es viernes, el mejor día de la semana.

La palabra que lidera ser dueño de tu negocio se llama *libertad.* Conseguir que tu trabajo o tu negocio sean tu pasión y que cada día al abrir los ojos represente una maravillosa oportunidad solo se consigue si lo que haces te aporta felicidad en todas las áreas de tu vida.

Las historias que vas a leer a continuación son de personas que han logrado su independencia, su libertad personal y económica. Son ejemplos maravillosos de vida, trabajo y negocios en la industria MLM, unos desde el lado de la empresa y otros desde la visión de emprendedores exitosos, líderes de grandes organizaciones de distribuidores independientes. Espero que te inspiren y te impulsen a comprometerte con lo que realmente buscas. Confía en tus decisiones y piensa en grande.

GRACIELA MIER
Herbalife. Founder's Circle. México

Cuando conocí a Alicia García, oradora, maestra y mentora de muchas generaciones, quedé atrapada para siempre.

Era 1991 en EE. UU. y Alicia estaba siendo reconocida como la número 1 del mundo en su empresa entre miles de distribuidores. Asistíamos a ese extraordinario evento personas de más de treinta países y ahí, en el escenario, apareció una dama joven. ¡¡¡Qué impacto!!!

Nos pintó el futuro de una manera magistral que nos permitió soñar en grande con el estilo de vida que tanto añorábamos; como emprendedora yo también estaba trabajando en mi proyecto multinivel, donde gracias a las oportunidades de este modelo de negocio también he logrado importantes éxitos y reconocimientos, y son varios los miembros de mi familia que me acompañan en esta travesía con excelentes resultados.

Alicia tiene la magia y la fuerza de lanzar a su audiencia a la aventura de triunfar. En todos los países donde imparte sus conocimientos y experiencias, verdaderas semillas de sabiduría, siempre deja una huella imborrable. Es una oradora fuera de serie.

Ella explica en este libro el viaje que debes recorrer para construir ingresos pasivos de por vida, basándose en su experiencia, así como en los fundamentos y estrategias de la industria multinivel, aplicados y actualizados al siglo XXI.

MIGUEL A. BEAS.
Kyäni International. Vice-President. EE. UU.

Que lo importante es disfrutar del camino es algo que siempre tuve presente en mi vida. A veces el énfasis en el destino, en la meta, nos hace olvidar que el disfrute también está en los pequeños detalles del trayecto. Así sucede en la vida. Echamos la vista atrás y recordamos un viaje con la familia o con amigos donde el destino es una memoria borrosa, pero las anécdotas se centran en hechos que ocurrieron mientras íbamos o veníamos.

Cuando un servidor empezó en la industria del multinivel, o *network marketing,* como lo llamábamos en España en la década de

1990, copiando a los estadounidenses también en esto, si de algo carecía era de un mapa. Sabía a dónde quería llegar, pero no tenía ni idea de cómo. Y los errores llegaron uno detrás de otro.

Aunque ahora, después de haber formado parte durante décadas de los consejos directivos de empresas como Forever Living Products, Seacret, Jeunesse, PM International y ahora Kyäni, puedo decir que los aciertos fueron muchos más que los fallos y los éxitos que los fracasos. Pero cuánto hubiera agradecido tener ante mí un manual como este cuando empecé. Oír directamente de los grandes de la industria es un lujo que el lector de este libro va a experimentar.

Porque Alicia es eso, una grande de la industria. Una líder, pionera y ejemplo para las nuevas hornadas de mujeres y hombres emprendedores que vuelven sus ojos a las ventas directas como una forma de superación y logro. Que este libro te ayude a lograr tus metas, pero también a disfrutar mientras lo logras.

FERNANDO RANCEL
HN Chairman's Club Member and Hall of Fame. Venezuela

Tuve la fortuna de escuchar por primera vez a Alicia García a mi llegada a España en 1990. Después de haber vivido durante mis primeros ocho años como profesional del marketing en empresas líderes, algunas transaccionales en mi país de origen, pero con frustraciones económicas por los salarios que percibía, decidí hacer un cambio.

Mi objetivo al llegar a España era conseguir un trabajo en mi área cuya remuneración fuese sustancialmente mayor a los salarios que había percibido hasta ese momento. Mi compañero de piso *(roommate)* de origen israelí en Madrid tuvo la genial idea de invitarme a un evento en el hotel Los Galgos, donde una chica joven era la invitada especial y la eventual estrella del negocio del momento en toda España.

Mi deseo de independencia, los principios de la empresa, el resultado del producto y un *coaching* apropiado me ayudaron a conectar inicialmente con la actividad, pero lo que viví en ese primer evento, la energía y la vitalidad de Alicia, la conexión con los muchos cientos de asistentes y la pasión con la que hablaba del proyecto que unos meses después se iba a convertir en la columna vertebral de mi vida y la herramienta para conseguir todo lo que había soñado, me han acompañado durante mis más de treinta años en el negocio. Su historia sigue siendo una de las favoritas para compartir con mis audiencias alrededor del mundo.

No me equivoqué en lo absoluto. Un año más tarde, Alicia García se convertiría en la distribuidora número 1 del mundo de nuestra empresa.

La experiencia acumulada por ella, los innumerables obstáculos que ha superado, pero sobre todo su honesto deseo de afectar positivamente a todos, hacen que sus formaciones hoy tengan un impacto único en audiencias alrededor del mundo de habla hispana con más fuerza y trascendencia que nunca.

No tengo la menor duda de que *Triunfa en el marketing multinivel* se convertirá en una referencia de la industria del MLM y de que será una de las herramientas prácticas y más eficientes para ayudar a todos los interesados en desarrollar una carrera en nuestra industria.

NACHO ESCOBAR
Director de Ventas de Usana Health Sciences. España

Para la gran mayoría de los que terminamos una formación, cuando tu experiencia laboral comienza, tu prioridad es saber si esos primeros trabajos serán los que te enganchen a ese sueño de llegar a trabajar en aquello que te gusta y que querrías disfrutar a lo largo de tu vida laboral.

Puedo decir muy orgulloso que, a los 23 años y a la semana de empezar a trabajar en esta industria, supe que iba a ser algo apasionante y lleno de experiencias inolvidables y atípicas respecto a lo que por aquel entonces tenía en mente sobre el mundo laboral.

Esos primeros años se llenaron de numerosos momentos en los que las relaciones interpersonales marcaron una enorme diferencia en mi vida. Y una de las personas que más me enseñaron la visión de nuestros clientes fue Alicia García. Ella ya venía con una trayectoria y unos resultados únicos, que han sido referente e inspiración para nuevas generaciones, sobre todo para no olvidar nunca la historia de este sector.

He trabajado en empresas como Herbalife Internacional; Jeunesse y ahora Usana, y entender el lado del cliente y distribuidor socio de la empresa es no solo el motor de nuestras empresas, sino para mí su auténtico corazón, ya que es donde está la verdadera pasión que tanto admiro en ellos. Espero, lector o lectora, que este libro y su industria te apasionen.

MARISOL ACEITUNO
HN Int. Executive President's Team. España

Me une con Alicia una gran amistad de varias décadas. A finales de 1987 me llamó para contarme que había conocido una empresa en Estados Unidos que ofrecía una gran oportunidad de negocio que podría interesarme. Después me explicó con más detalle en qué consistía el Marketing Multinivel.

Por aquel entonces yo trabajaba en el sector de la belleza y la estética, pero estaba buscando oportunidades. Su entusiasmo y su fe en el proyecto que me presentó me convencieron, me emocionaron, y no dudé. Mi respuesta fue: «Si tú lo haces, yo también».

A partir de ese momento comencé una aventura apasionante, la de construir mi propio negocio. Un negocio entonces basado solo en las relaciones sociales y personales, y que ahora es también digital. En la década de 1990 no era fácil para una mujer emprender, y menos aún sin tener que invertir mucho, y el multinivel me ofreció la oportunidad de hacerlo y de crecer hasta más allá de lo que en un principio soñé.

Durante estos años he compartido con mi amiga y socia aprendizajes, viajes y miles de reuniones, celebrado los éxitos y aprendido de los errores, y hemos recibido importantes lecciones de grandes maestros como Mark Hughes o Jim Rhon.

He sido testigo del entusiasmo y la fuerza con los que Alicia ha transmitido a las personas que se incorporaban al negocio las oportunidades que se abrían ante ellos, y eso es lo que ha plasmado en este libro: lo mejor de su experiencia, buenos consejos que serán de gran ayuda para aquellos que empiezan su camino o que quieren dar un paso más en su negocio.

ENRIQUE VEGA PENICHET
Abogado y socio Bufete M. Vega Penichet. España

Tuve la gran suerte de ser el encargado de constituir y poner en funcionamiento Herbalife Nutrition en España, y digo suerte porque lo hice rodeado y apoyado de gente muy eficiente que nos permitió crear un gran grupo de trabajo, no solo con mis compañeros del Bufete M. Vega Penichet, sino también con el personal seleccionado para lanzar Herbalife Nutrition en España, con los primeros distribuidores y con el presidente y fundador de Herbalife, Mark Hughes (DEP), junto a su equipo de expansión. Cabe hacer una especial mención a su por entonces director, Antonio Terán, con quien posteriormente abrimos legalmente Portugal, Francia e Italia, entre otros países, y a Alicia García, quien tanto presionó para que se abriera la compañía en España, sin duda, los grandes pilares de Herbalife en España.

No puedo escribir estas líneas sin referirme a la calidad humana de Mark Hughes, fundador y presidente de Herbalife Nutrition, a su fuerza en contagiar ánimo y esperanza en los demás, pero sobre todo a su sencillez en el trato personal; una gran persona y una gran pérdida.

Recuerdo la gran presión que recibíamos desde fuera y dentro de España por abrir la compañía lo antes posible, algo nada fácil pues había que registrar los productos con el Ministerio de Sanidad (desde aquí reconozco la inestimable colaboración del director técnico, Jaime Fernández, y la paciencia que tuvo el encargado del departamento del ministerio), confeccionar los documentos de la sociedad y, cómo no, su innovador sistema de ventas, que la autora de este libro describe con todo detalle.

No puedo terminar sin referirme a los resultados obtenidos por la compañía a lo largo de mis años colaborando con ella, que como todo negocio tiene defensores y detractores. Pero lo cierto es que tuvo un crecimiento inmediato, clientes satisfechos y distribuidores que con constancia y trabajo han conseguido crear un negocio estable y rentable.

JORDI MARÍN
Directivo de empresas MLM y consultor estratégico. Miembro de la Junta Directiva de la Asociación Española de Venta Directa (AVD). España

Alguien me preguntó no hace demasiado si *eso del multinivel* existía todavía. Muchos son los años que han pasado ya desde el aterrizaje de las primeras empresas en España y de algún modo puedo entender esa pregunta. Por supuesto, dije que no solamente funciona, sino que hoy en día está más vivo que nunca.

En 1992 inicié mi carrera en una empresa de MLM norteamericana —la más grande de todas Amway— que terminé dirigiendo en España y Portugal, y como parte de mi formación inicial tuve la fortuna de conocer a los padres y creadores del concepto del MLM. El aprendizaje más importante que me llevé de ellos es que este es un negocio de personas y el principal valor son las relaciones humanas.

Actualmente dirijo en España una de las empresas más innovadoras, con mayor proyección y crecimiento en el mercado de la cosmética natural, sostenible, que aprovecha a la perfección las redes sociales y el marketing de recomendación como pilares de desarrollo de un negocio de relaciones que cuenta ya con decenas de miles de socios y cientos de miles de clientes.

Ambas tienen en común algo que Alicia comparte a la perfección en este magnífico libro, una oportunidad de negocio moderna, sostenible, adaptada a las tendencias del momento y que proporciona una alternativa innovadora, sencilla, eficiente y atractiva para todos aquellos que desean incrementar sus ingresos de manera parcial o bien que desean emprender y desarrollar su propio negocio a tiempo completo.

Este libro es la pieza maestra imprescindible que faltaba en la literatura de autoaprendizaje en la que Alicia García Esteban resume más de 30 años de su experiencia combinada con las experiencias de grandes líderes, permitiendo al lector obtener resultados inmediatos para alcanzar el ÉXITO en este tan femenino y desconocido mundo de los negocios multinivel y el marketing de recomendación —motor de Internet— que en pleno siglo XXI está más vivo que nunca.

Quiero que conozcas a alguien muy especial, una mujer emprendedora con años de experiencia en esta industria y que tuvo serias dificultades personales, porque es una muestra de lo que la oportunidad MLM puede llegar a ser para tantas personas de cualquier índole y circunstancias.

PATRICIA QUINTANA WAREHAM
Coach e interventora estratégica emocional.
HN Global Expansion Team 2500. España

Lucha, vida, pasión. Romper las normas y transgredir. Esa es mi especialidad. Una enfermedad: el cáncer. Una realidad: una pensión difícil de compaginar con una vida de familia. Un sueño: poder encontrar un trabajo desde casa que me permitiera compaginar largas sesiones de quimio, mañanas de no poderme levantar de la cama, con un negocio propio. Y la oportunidad llegó en forma de MLM.

Los inicios: difíciles. El camino: apasionante. Tratamientos alternativos, estudios clínicos. Mi vida laboral no iba a ser distinta y las ganas de ensanchar mi vida, la que me quedara, tampoco.

Empecé un camino lleno de retos donde mi mentalidad tuvo que cambiar de empleada a empresaria; de que me organizaran a organizarme, de dejarme llevar por la visión del jefe a tener yo mi propia visión. ¡Qué lástima que no se enseñe en el colegio a pensar más, a tener iniciativas!

A los dos años el cáncer seguía, pero mi trabajo por cuenta ajena pasó a mejor vida, pero por decisión propia. Había doblado mi sueldo y mis ingresos eran estables y estaban creciendo. Y pasé a dar conferencias desde camas de hospital con ayuda de enfermeras, a hacer llamadas a clientes conectada a un gotero y a vivir desde la comodidad de saber que, si un día tenía que descansar, lo podía hacer... o dos o tres. Compaginé goteros y cirugías con llamadas por Skype y negocio fuera de España, y no fue fácil, pero sí apasionante. Quien vive con cáncer sabe que la vida es desafíos, retos, ilusiones y desilusiones, pero sobre todo ganas de vivir. Y ganas de dar lo mejor de ti.

El MLM me abrió las puertas a una tranquilidad, a una forma de ver la vida y, sobre todo, a una conciliación real con mi familia. Mi objetivo era poder estar en casa, cuidarme, disfrutar de mi maravillosa familia y poder decir, «si hoy no me encuentro bien, no pasa nada, me cuido». Y así ha sido y es. Soy superviviente del cáncer, pero los efectos secundarios me han dejado una enfermedad degenerativa que hace que necesite unos cuidados que ahora sí me puedo dar. He dejado de buscar formas de sobrevivir para pasar a vivir intensamente realizada como profesional desde mi realidad. Desde la comodidad de poder elegir cuándo trabajar y, sobre todo, con quién.

Mi objetivo está más que satisfecho; ahora, si quiero más... es porque me sigue apasionando lo que hago. Ensanchando la vida desde la gratitud.

RAFAEL FERNÁNDEZ
Vicepresidente Europeo de 4Life Research. Miembro de la Junta Directiva de la Asociación Española de Venta Directa (AVD). España

La venta directa es uno de los medios de distribución más antiguos y es bien conocida por los expertos en marketing y ventas. Esta fórmula, basada en la relación personal y directa entre el vendedor y el cliente o consumidor, mantiene un crecimiento sostenido y recibe el impulso de los nuevos modelos de economía y las nuevas tecnologías.

Una industria pensada en su día para generar una fuente alternativa de ingresos con una atención muy personalizada es ahora, en una economía cada día más globalizada, una importante puerta de entrada para muchos emprendedores que desean iniciar un modelo de negocio en el cual ellos son los que determinan durante cuánto tiempo y dónde realizarlo.

Los modelos de generación de ingresos han cambiado y las formas de trabajo también. Poder estar de viaje disfrutando de tu tiempo libre sin necesidad de tener una oficina física, pero a la vez estar conectado con tus clientes, era algo impensable hace años. Hoy, gracias a las garantías del Marketing Multinivel, todo esto es posible, siempre que esté refrendado por una empresa consolidada y que certifique los más altos estándares de garantía para sus clientes, además de contar con el aval de las asociaciones de la industria.

En mis más de treinta años de trabajo en esta maravillosa industria, he obtenido dos certezas que me gusta compartir. Por un parte, el MLM es una oportunidad real para generar ingresos extra para una inmensa mayoría, y, por otra, es una gran oportunidad de hacer carrera, siempre y cuando quieras profesionalizarte y dedicarte a ello con pasión. Pero precisamente aquí radica la magia de todo: siempre deberás tener el respaldo de una gran compañía. Para saber identificar entre una empresa que te ofrece un buen plan profesional y otra que es una posible estafa, déjame ofrecerte los que considero que son los puntos esenciales:

- La empresa debe estar claramente identificada y localizada.
- Antes de comenzar a trabajar es importante formalizar un contrato escrito en el que se definan los derechos y obligaciones de cada parte.
- Los productos tienen que tener una calidad contrastada.
- Nunca es necesario realizar una inversión previa de compra de productos o de almacenamiento.
- Siempre ha de existir un servicio al consumidor y garantía de satisfacción.
- Debe ofrecerse formación y soporte al distribuidor.
- La adhesión al Sistema de Arbitraje del Consumo y la pertenencia a la AVD constituyen garantías adicionales.

Una vez revisados estos puntos, solo depende de que quieras o no emprender en una industria moderna, sin riesgo de inversiones y con resultados contrastados por miles de emprendedores por todo el mundo. Este libro te ayudara a ello. ¡Atrévete!

ASIER LUZURIAGA
General Manager Spain. Jeunesse. España

Triunfa en el marketing multinivel es un viaje autobiográfico de 30 años de experiencias junto a Alicia García en el maravilloso sector del Network Marketing, del que podrás disfrutar y aprender para emprender, de los cuales tuve la oportunidad de compartir y aprender cuando entré en este mundo hace más de 12 años.

Conocerás el aprendizaje de una joven emprendedora Alicia García en este sector en España, junto a su formación previa, que comprende las ventas, el crecimiento personal y cómo lidiar con el rechazo, el liderazgo, el marketing, la promoción, cómo pertenecer a una comunidad y los fracasos que te encuentras en el camino; conceptos y vivencias tan ligadas y presentes en esta industria.

Una guía dentro del proceso de desarrollo profesional y personal de una emprendedora en el Network Marketing que ha conocido todos los ángulos que esconde este sector, o al menos la gran mayoría de ellos.

Lectura imprescindible de una de las pioneras del sector en España.

RAMÓN PARDO
Socio fundador y presidente honorífico de Impuestos Multinivel[1]. España

He ocupado durante más de 25 años responsabilidades directivas en diferentes Multinacionales, de los cuales, 11 como director financiero y como director general en Herbalife Nutrition, y he sido miembro durante estos años de dos de las asociaciones empresariales más relevantes (Asociación Española de Empresas de Venta Directa de España [AVD] y AFEPADI).

Posteriormente a mi etapa en Herbalife Nutrition, constituí la empresa Impuestos Multinivel, el primer despacho multidisciplinar exclusivo para el sector de Venta Directa y Marketing Multinivel en España, con despachos asociados en Reino Unido e Italia, que ofrece servicios de consultoría y asesoramiento jurídico, financiero y fiscal 360º, tanto para evaluar y ayudar a la implantación en España de corporaciones, externalización de sus departamentos financieros o gestión fiscal y soporte jurídico, como ayudar y asesorar en esas materias a cientos de distribuidores de diferentes empresas de la industria multinivel.

Con esta experiencia y esta visión privilegiada, como empresa y como distribuidor, puedo afirmar que el Marketing Multinivel es una actividad jurídicamente regulada y amparada por la legislación española, tanto mercantil como laboral y fiscal, y es uno de los sectores con más proyección de crecimiento, pero sobre todo ofrece grandes ventajas (formación, motivación, reconocimiento, etc.) para gente emprendedora y, a diferencia del resto de negocios, no precisa de inversión y no se asume ningún riesgo (¡es simplemente maravilloso!): solo el trabajo individual de cada uno será el que determine su nivel de ganancias.

Poder leer este libro de Alicia García, pionera del Marketing Multinivel en España, formada y entrenada a nivel internacional por grandes gurús del sector, gente mítica, y creadora de grandes redes en diferentes países, es una fuente de conocimiento, anécdotas y experiencias a disposición del lector que sin duda le serán de gran ayuda.

PACO PÉREZ
HN Int. Executive President's Team. EE. UU.

He sido muy afortunado: mi nombre es Paco Pérez y fui el primer empleado de la compañía Herbalife Nutrition desde su inicio en febrero de 1980.

Gracias a esto mi vida ha sido bendecida con grandes privilegios, y uno de los más grandes ha sido ser testigo de primera mano de maravillosas transformaciones de personas muy normales y verlas convertirse en seres extraordinarios al encontrar su camino y entregarse a su trabajo dedicando sus mayores esfuerzos al desarrollo de sus habilidades a base de perseverancia y consistencia para convertir sus sueños en realidad, mejorando y creciendo cada día, dando admirables ejemplos de desarrollo personal.

La primera de estas personas es Mark Hughes, fundador, presidente y primer distribuidor de Herbalife Nutrition, a quien conocí en la década de 1970 cuando éramos muy jóvenes y trabajábamos para una compañía de Venta Directa y Marketing Multinivel, él como distribuidor y yo como empleado, manejando el almacén. Ahí nos hicimos buenos amigos.

Pocos años después, cuando a sus 24 años decidió fundar su propia compañía y comenzó a vender sus productos desde el maletero de su coche, me pidió ayuda y me convertí en su asistente.

Mi primer trabajo era surtir de producto su maletero. A la velocidad que Mark iba expandiendo su clientela y en poco tiempo desarrollando su organización de distribuidores de línea descendente, mi trabajo y mis responsabilidades fueron creciendo.

Con un crecimiento vertiginoso del 500 % anual en esos primeros años, mi trabajo seguía siendo surtir el producto, pero ahora a todos los centros de distribución en EE. UU. y en cada nuevo país en nuestra expansión internacional.

Muy al principio, cuando le cuestione por qué no poner el producto en tiendas para su distribución normal, contesto:

«Por tres razones muy importantes:

- Primera. Con un producto especial y único como este, el multinivel le presenta una fuerte oportunidad a la persona promedio de establecer su propio negocio como distribuidor independiente, sin ningún tipo de discriminación en cuanto a educación, experiencia, color, religión, sexo, nacionalidad o cualquier otro factor; el coste inicial es muy bajo, pero brinda un potencial ilimitado para llevarlo tan lejos como el individuo desee. Es perfecto para aquellos con deseo de superación; así me dieron esta oportunidad a mí y yo se la quiero brindar a muchos otros.

- Segunda. Es el sistema de distribución perfecto; el producto llega al cliente por medio de su distribuidor, el cual lo obtiene directamente del fabricante, eliminando todo tipo de intermediarios y empresas que generan ganancias al manejar, almacenar, transportar y redistribuir el producto. El cliente lo consigue antes de todo este encarecimiento.
- Tercera. Además de que el cliente recibe producto exclusivo de alta calidad a precio accesible que no encontrará en ningún otro lugar, su distribuidor es un usuario del producto, un consumidor experto que ama los productos por su fantástico resultado personal y que se encargará no solo de surtir, sino también de llevar el seguimiento correcto para asegurar el mejor resultado posible de su cliente».

Con estos principios y el sueño de cambiar los hábitos nutricionales del mundo para evitar en otros la tragedia que sufrió su madre por falta de una nutrición adecuada, este joven fue capaz, a base de trabajo y determinación, de llevar a su compañía desde sus humildes comienzos de cliente en cliente, de resultado en resultado, hasta una enorme expansión internacional, convirtiéndose en un líder mundial y en una historia espectacular de éxito. Herbalife Nutrition opera hoy en más de noventa países.

Este éxito no hubiera sido posible sin el esfuerzo, la dedicación y la entrega de muchos distribuidores que han sido claves para la expansión y el crecimiento de la compañía, como Alicia García.

Recuerdo con claridad a aquella mujer joven, entusiasta, emprendedora, madre, esposa, con un fuerte deseo personal de aprender, trabajar y progresar. Su empuje y dinamismo fueron factores muy importantes en la introducción y el éxito de Herbalife Nutrition en España y subsecuentemente en otros países.

Ha sido un orgullo para mí verla crecer y convertirse en esa estrella resplandeciente que siempre vivió dentro de ella y que finalmente empezó a brillar. Alicia es una estrella que ha contribuido al desarrollo y éxito de un número impresionante de distribuidores. Me entusiasma saber que al contar sus vivencias en este libro iluminará con su luz la mente de infinidad de personas que despertarán para buscar su camino y tomarán confianza para intentar superar barreras y triunfar como ella ha hecho.

CONCLUSIÓN
Ahora es tu turno

«Quiero hacerlo porque quiero hacerlo».

AMELIA EARHART

Las historias reales, de personas brillantes y exitosas, que has leído en el capítulo anterior están escritas desde ambas miradas, la de la empresa y la del empresario independiente; son un broche de oro para complementar mi propia historia. Todos hemos tenido que superar retos, aprender mucho y practicar más; todos tuvimos un sueño más grande que nosotros mismos que nos motivó para iniciar nuestro viaje personal, y todos juntos, unidos a miles de historias de éxito generadas en el mundo, ayudan a iluminar el mar de la oportunidad que es la industria multinivel.

Ahora es tu turno. En pleno siglo XXI la oportunidad es más grande que nunca. La integración total del modelo tradicional persona a persona, actualizado y fusionado con el modelo digital, es una potente realidad, porque cada distribuidor trabaja desde el principio con los dos canales, *online* y *offline,* como algo natural.

Es el siglo del cliente, la base de todo negocio, y lo debemos tener muy en cuenta en la Venta Directa y el MLM, no solo para ofrecerles nuestros productos y servicios, sino en la venta de nuestra marca, nuestros proyectos y nuestro modelo de negocio, en palabras de Kotler.

Recuerda: el activo de tu negocio es la gente; formarte y entrenarte para atraerla es básico. El marketing de atracción *(inbound marketing)* consiste en ofrecer información de valor por diferentes medios *online* y *offline* y a distintos perfiles de consumidores, sin molestar, sin aparente intención de venta, iniciando una relación entre distribuidor, marca, clientes potenciales e interesados en el negocio, que terminará cuando decidan cuál es la propuesta que más les conviene.

Crecer como emprendedor y como persona es la base para ser el arquitecto de tu negocio; la duplicación es el alma del MLM, pues sin ella no hay *royalties.* Construir un equipo de socios y de clientes con sólidos cimientos te proporcionará grandes satisfacciones personales y económicas, tendrás ingresos pasivos para toda tu vida, alcanzarás la independencia económica y podrás demostrarte a ti y al mundo que el negocio multinivel funciona.

Espero que este libro contribuya a elevar la percepción que parte de la sociedad tiene sobre esta industria, para desterrar de una vez por todas las sombras que por su desconocimiento arrastramos. Nuestros hechos gritan más que las opiniones, somos millones de personas emprendedoras en el mundo, formamos parte de una industria billonaria; somos serias, profesionales y en constante crecimiento.

Como he desarrollado a lo largo del libro, el auténtico crecimiento personal y profesional se ve reflejado en los resultados de nuestra vida, superando los desafíos con confianza, valentía y la mejor actitud.

Obtuve mi «máster» en Venta Directa y MLM en los primeros dos años de mi negocio, y este libro puede ser mi «doctorado». He viajado compartiendo la oportunidad por muchos países, he construido una organización internacional de empresarios independientes con ingresos pasivos para toda la vida, entre todos hemos vendido productos por valor de cientos de millones de euros y con mi historia y mis conocimientos he puesto mi granito de arena para cambiar la vida de innumerables personas de esta industria en todo el mundo. Y cuando sabes que formas parte de algo más grande que tú, te sientes invaluable.

En una ocasión mi buena amiga Beatriz Bueno, una gran líder en la industria del MLM, me dijo: «Alicia, has ayudado a soñar a todo un país», una frase que nunca olvidaré. Con este libro me gustaría ayudarte a que sigas soñando.

Emprendizaje puede ser la puerta de entrada a tu negocio o la manera de poner el turbo al que ya tienes; encontrarás oportunidades para todas las personas dentro de esta industria, aprenderás para emprender en MLM y, sin duda, si sigues mis sugerencias, podrás realizar tu viaje de empleado a emprendedor con garantías de éxito.

Vivir el presente y disfrutar el camino es necesario, porque ser rico no es una cuestión solo de dinero y ser libre no es solamente el uso del libre albedrío y el respeto a la libertad de los demás; obtendrás riqueza y libertad proyectando el viaje de tu vida a tu manera y desde dentro, porque todo viaje comienza con un paso, y esos pasos nos llevan donde queremos ir única y exclusivamente si nuestro sueño es lo suficientemente poderoso y nuestras acciones trabajan a la par para alcanzarlo.

¿Qué quieres ser de mayor? «De mayor quiero enseñar a la gente a aprender a vivir». Esa fue mi respuesta cuando con apenas ocho años me lo preguntó mi madre. Con el paso del tiempo, esta lo contaba con una sonrisa, como diciendo: «Pobrecita Alicia, qué ingenua es...». Pero hoy, con una mirada retrospectiva a mi vida, es exactamente lo que hago: aprender a vivir, emprender y enseñarlo.

Te entrego en bandeja mi experiencia a través de estas páginas para que te impulse y subas hasta la cima, para que uses con sabiduría tus logros, el éxito, el poder, el conocimiento y el dinero, porque esto es lo que dará sentido a tu vida y te proporcionará una auténtica libertad.

Ahora te toca decidir, porque eres libre para tomar tus propias decisiones: podrás quedarte del lado de las opiniones y no hacer nada o dejar tus miedos y tus patrones limitantes, salir de tu zona de confort y ponerte en marcha para que esta oportunidad sea una realidad para ti. Porque estés donde estés en estos momentos, podrás crecer personalmente y prosperar económicamente sabiendo que será sencillo, aunque no fácil, pues si otros lo han logrado, tú también lo puedes conseguir.

Y si eres de los que ya están y tienes tu negocio en marcha, te invito a que renueves tus «votos». Alimenta de nuevo tus metas con pasión y, como dijo Leonardo, «fija tu rumbo a una estrella y podrás navegar a través de cualquier tormenta».

Tú eres el héroe o heroína de tu vida; solo tienes que capitanear tu nave, estar alerta al timón de tu barco y ponerlo rumbo a tus sueños, porque durante la travesía encontrarás la ruta para regresar a Ítaca y entrar en ella por la puerta grande.

A la industria del Marketing Multinivel y la Venta Directa le estoy profundamente agradecida porque todo cambió en mi vida cuando esta oportunidad me encontró.

«Las heroínas y los héroes te los encontrarás en la vida real a cada paso. ¡Feliz viaje!».

ALICIA GARCÍA

GLOSARIO

Coach. Entrenador, acompañante o facilitador para el cambio que acompaña a una persona o a grupos ayudándolos a evolucionar, pero sin decidir por ellos.

Coaching. Proceso de desarrollo personal en el que un *coach* orienta, acompaña, motiva y evalúa resultados para el desarrollo de proyectos empresariales o de superación de situaciones personales que dificultan el crecimiento.

Coworking. En MLM es un espacio, oficina o club compartido entre distribuidores donde trabajan juntos apoyándose y comparten gastos, pero cada uno con su plan personal.

Crossline. Personas que pertenecen a una línea paralela de distribuidores.

Display. En el sector de la publicidad, expositor de información o productos.

Downline. Línea descendente, las personas que tú introduces en tu equipo y están por debajo de ti.

Empresa piramidal. Compañía que utiliza un esquema o estafa piramidal, mediante el cual los participantes tienen que captar a personas para que inviertan en ella. En España esta práctica está regulada por la Ley 7/1996, de prohibición de ventas en pirámide.

***Funnel* de ventas (embudo de ventas).** Metáfora de marketing digital; para el MLM es una herramienta muy útil por la que contactas con posibles interesados y, tras filtrar sus intereses, quedan los que demuestran interés real, que pueden convertirse en clientes o distribuidores.

Marketing de atracción *(inbound marketing).* Técnica para atraer a clientes potenciales ofreciéndoles informaciones de su interés antes de un producto o servicio. Capta a clientes presentándoles contenido de valor, seguido de propuestas hechas a su medida, pero sin aparente objetivo de venta.

Marketing de canal. Conjunto de acciones dirigidas a socios, *partners,* que ayudan en la venta o promoción de un producto o servicio.

Mentorización. Relación de ayuda y desarrollo personal entre personas donde la que tiene más conocimiento y experiencia ayuda a otra con menor conocimiento y que está aprendiendo.

Networker. Persona emprendedora que trabaja con redes de contactos y en negocios en red (MLM).

Networking. Hacer contactos, nuevas relaciones, con el fin de encontrar a potenciales clientes o poder presentar la oportunidad de negocio.

Prospecto. Persona, contacto, que cumple el perfil necesario para presentarle productos, servicios o negocios.

***Royalty* (regalía).** Porcentaje de dinero que paga la empresa al mes a un distribuidor por la producción del equipo formado por él.

Sistema Ponzi. Estafa o actividad fraudulenta de inversión que paga intereses a los inversores de su propio dinero invertido o del dinero de nuevos inversores. Su denominación se debe a Carlos Ponzi, quien creó en 1920 un plan en EE. UU. con el que estafó a cientos de sus clientes.

TPV (terminal punto de venta). Dispositivo que será muy útil en tu negocio para cobrar a tus clientes con tarjeta de crédito. Las hay virtuales manejables con el *smartphone.*

Upline. Línea ascendente, aquellas personas que están por encima de un distribuidor en MLM.

NOTAS

Prólogo

1 *Direct Selling News.*

Capítulo 2

2 www.avd.es
3 http://webs.ucm.es/BUCM/tesis/inf/ucm-t25432.PDF

Capítulo 3

1 http://patrickbetdavid.com/jackma-founder-of-alibabas-thoughts-on-poor-people/
2 www.directsellingnews.com/global-100-lists
3 https://youtu.be/ZXKYhz3Cm24
4 https://genhq.com/

Capítulo 6

1 Global Gender Gap Report 2020
2 Seoane, Andrés. «La *Odisea*, un mito con voz de mujer». https://elcultural.com/

Capítulo 7

1 Lacalle, Laura. *Informe CNMC*, 2021, soft5.es

Capítulo 9

1 Kotler, Philip. *Marketing 4.0*. LID Editorial, Madrid, 2020

Capítulo 10

1 www.indeser-360.com
2 www.indeser-360.com
3 Departamento de Psicología y Neuropsicología de CIEN

Capítulo 12

1 Vallejo Nájera, Juan Antonio. *Aprender a hablar en público hoy*. Planeta, 1990
2 Pimentel, Manuel. *Cómo hablar bien en público para conseguir lo que deseas*. Ediciones Obelisco, 2019

Voces autorizadas de la industria MLM

1 www.impuestosmultinivel.com

REGALOS PARA LOS LECTORES

Descárgate estas herramientas que te ofrezco
y que te ayudarán en tu viaje para diseñar
y reforzar tu proyecto emprendedor.

PRIMER REGALO

Comienza a diseñar tu viaje y la vida que mereces.

Escanea el QR y descárgatelo en este enlace exclusivo:

SEGUNDO REGALO

Comienza tu plan.

Usa la plantilla de la **Rueda de la Vida de tu negocio MLM** y el **Cuaderno de control de resultados**.

Escanea el QR y descárgatelas en este enlace exclusivo:

Te servirán de ayuda en tu proceso de *emprendizaje*.

Si quieres comunicarte conmigo para obtener más información sobre este libro o mis métodos y mi experiencia, entra en **www.aliciagarciaemprendizaje.com**, escríbeme a **triunfa@aliciagarciaemprendizaje.com** o contacta conmigo en mis redes sociales: LinkedIn [**linkedin.com/in/aliciagarciaesteban/**] Instagram [**@aliciagarcialife**] y Facebook [**AliciaGarcia(Networker)**].